ZEICHNEN LERNEN
50 AUTOS

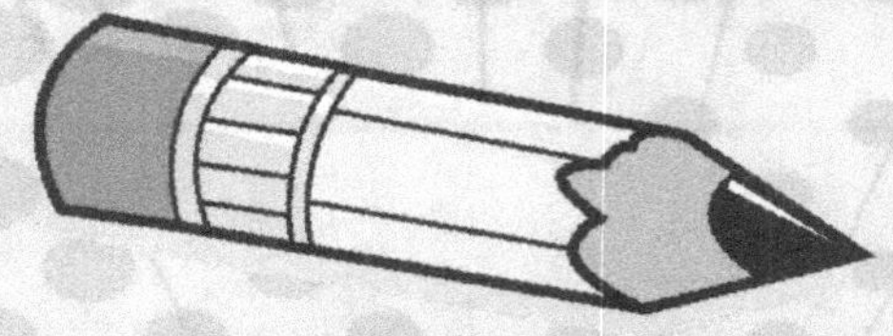

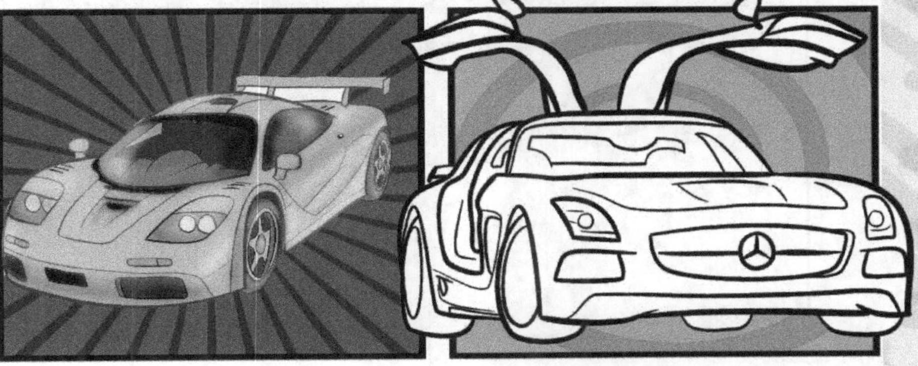

NAKHSA KATSUHITO

DIESES BUCH GEHÖRT:

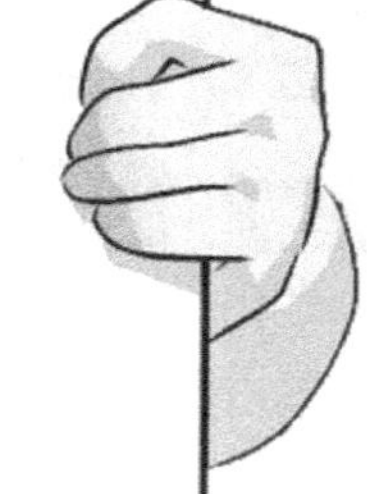

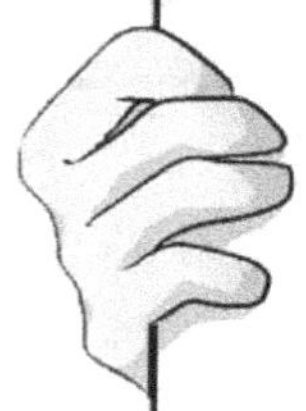

50 AUTOS

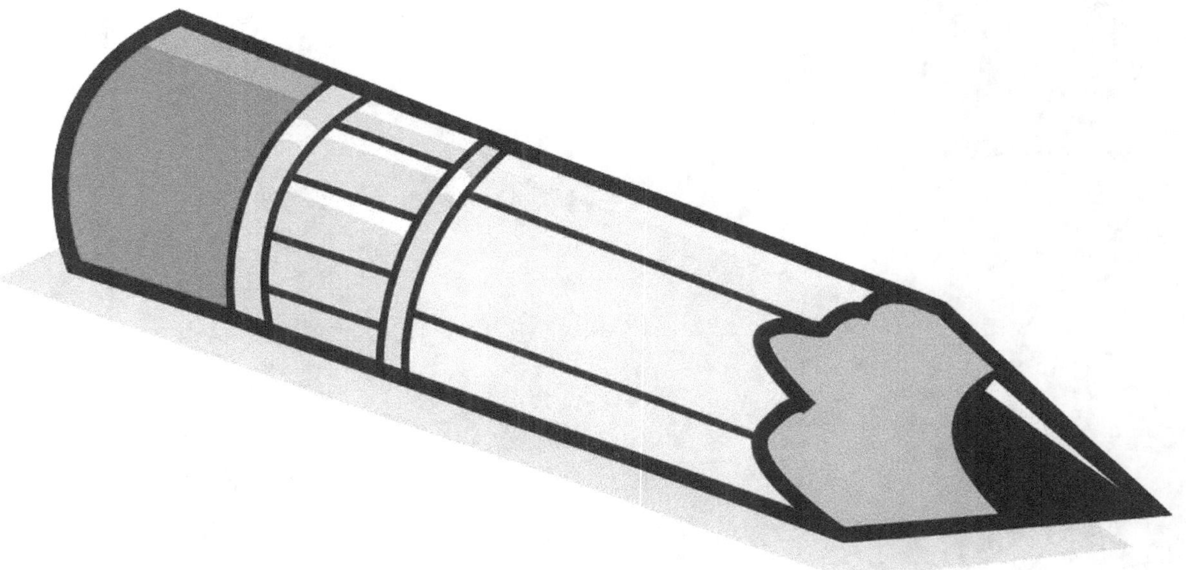

NAKHSA KATSUHITO

ALLES WAS SIE BRAUCHEN:

ZEICHENPAPIERBLEISTIFTE, RADIERGUMMIS,

BLEISTIFTSPITZER, KUGELSCHREIBER,

BUNTSTIFTE.UND VIEL VON DEINER KREATIVITÄT

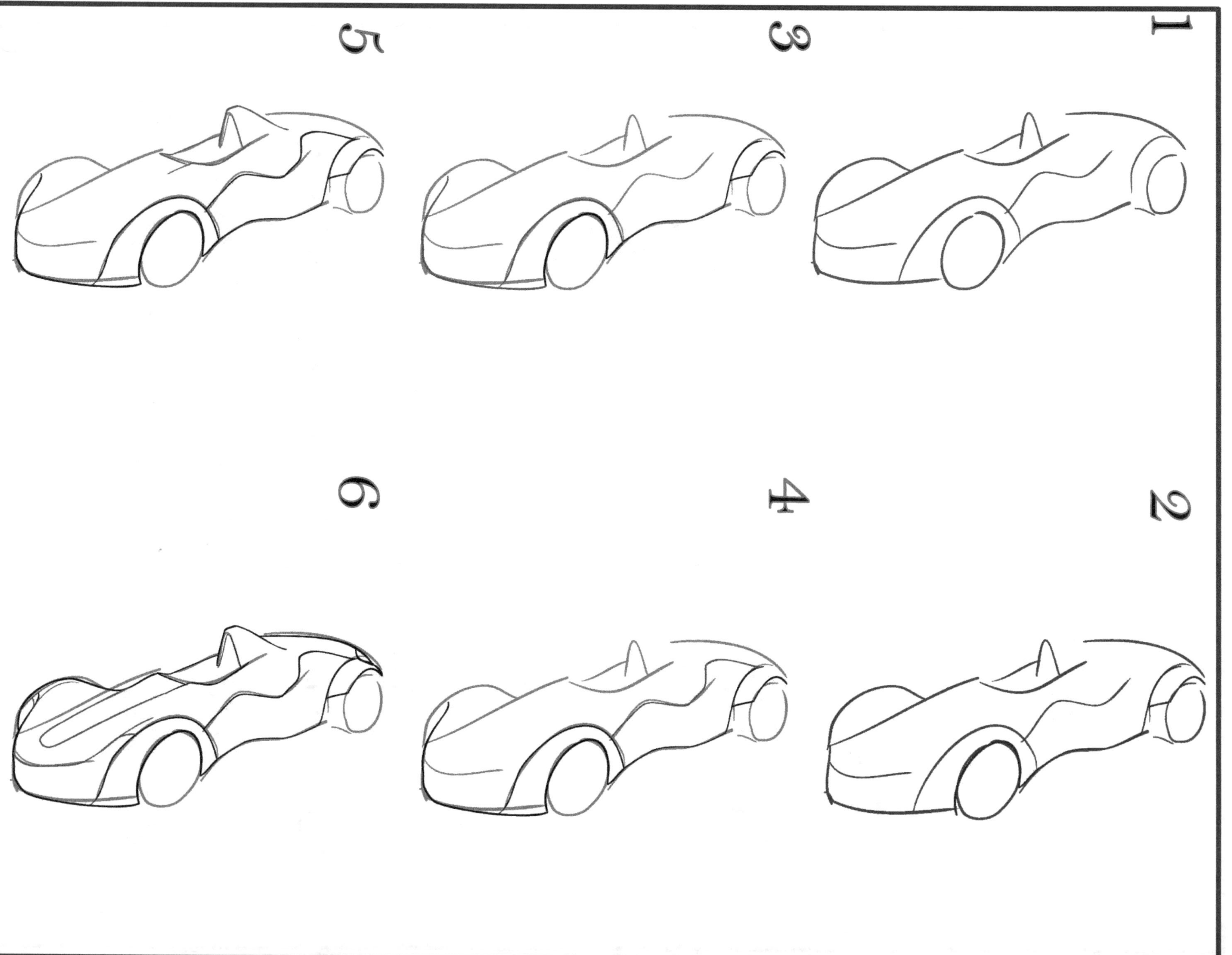
1
3
5
2
4
6

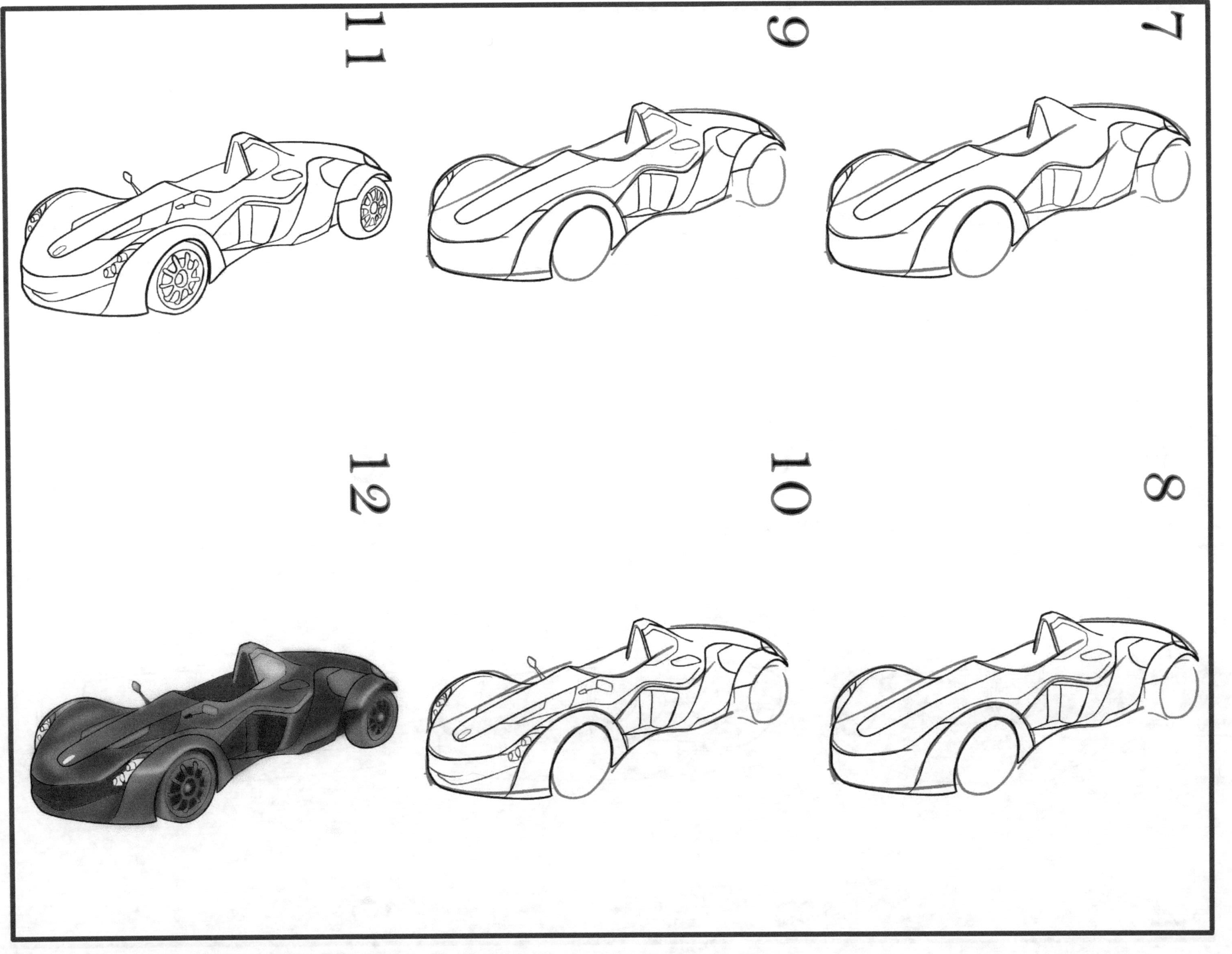

7
9
11
8
10
12

1
2
3
4
5
6

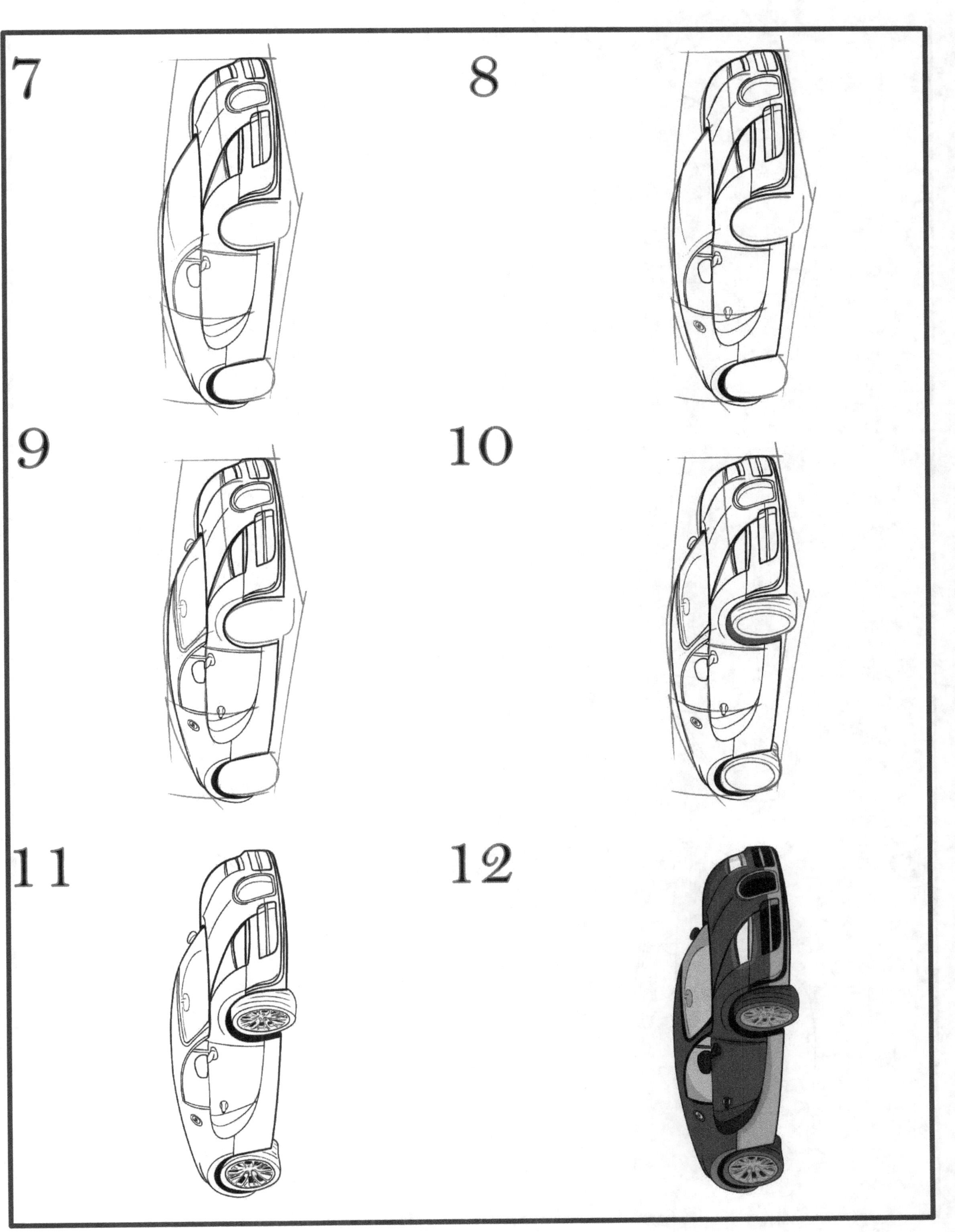

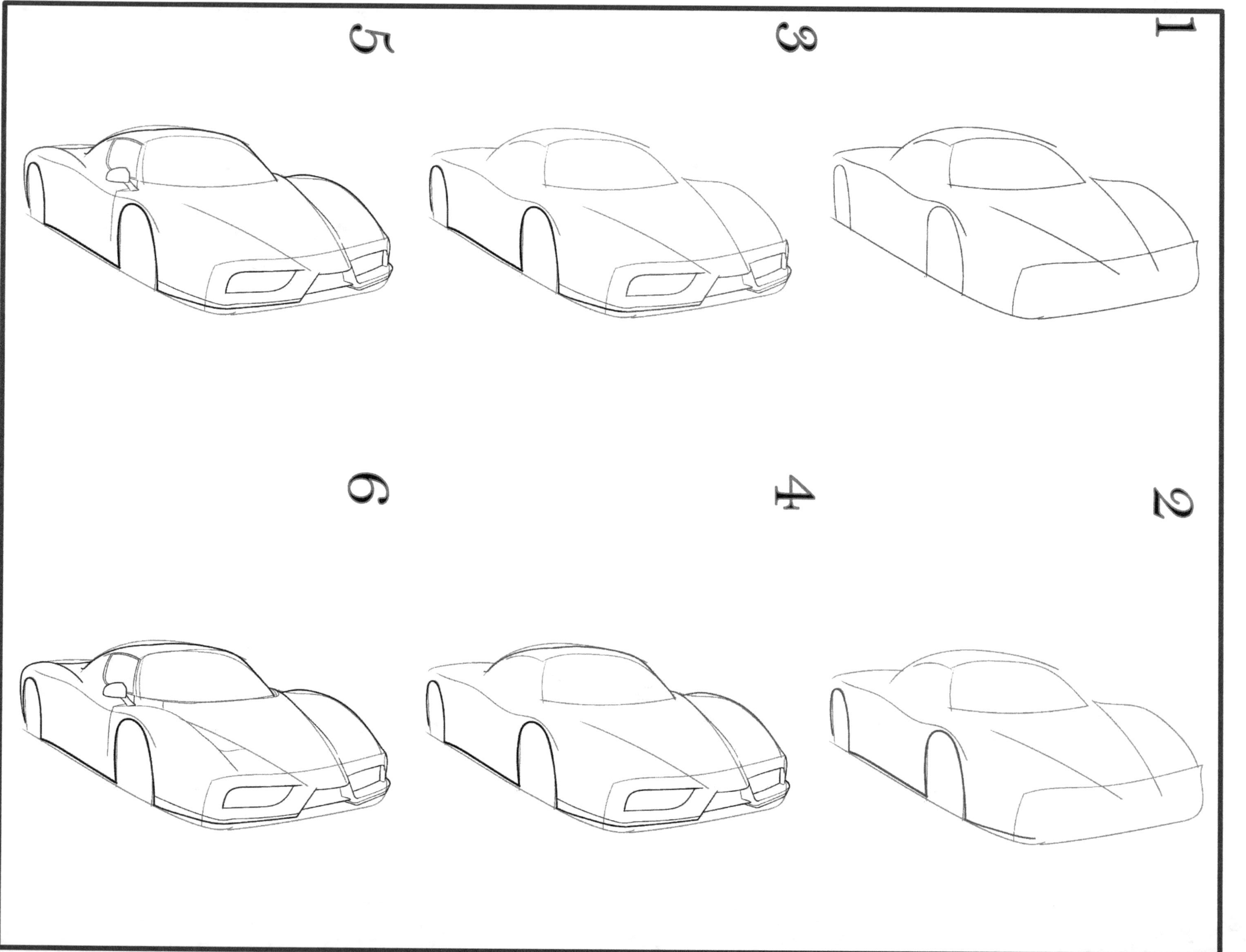
1
2
3
4
5
6

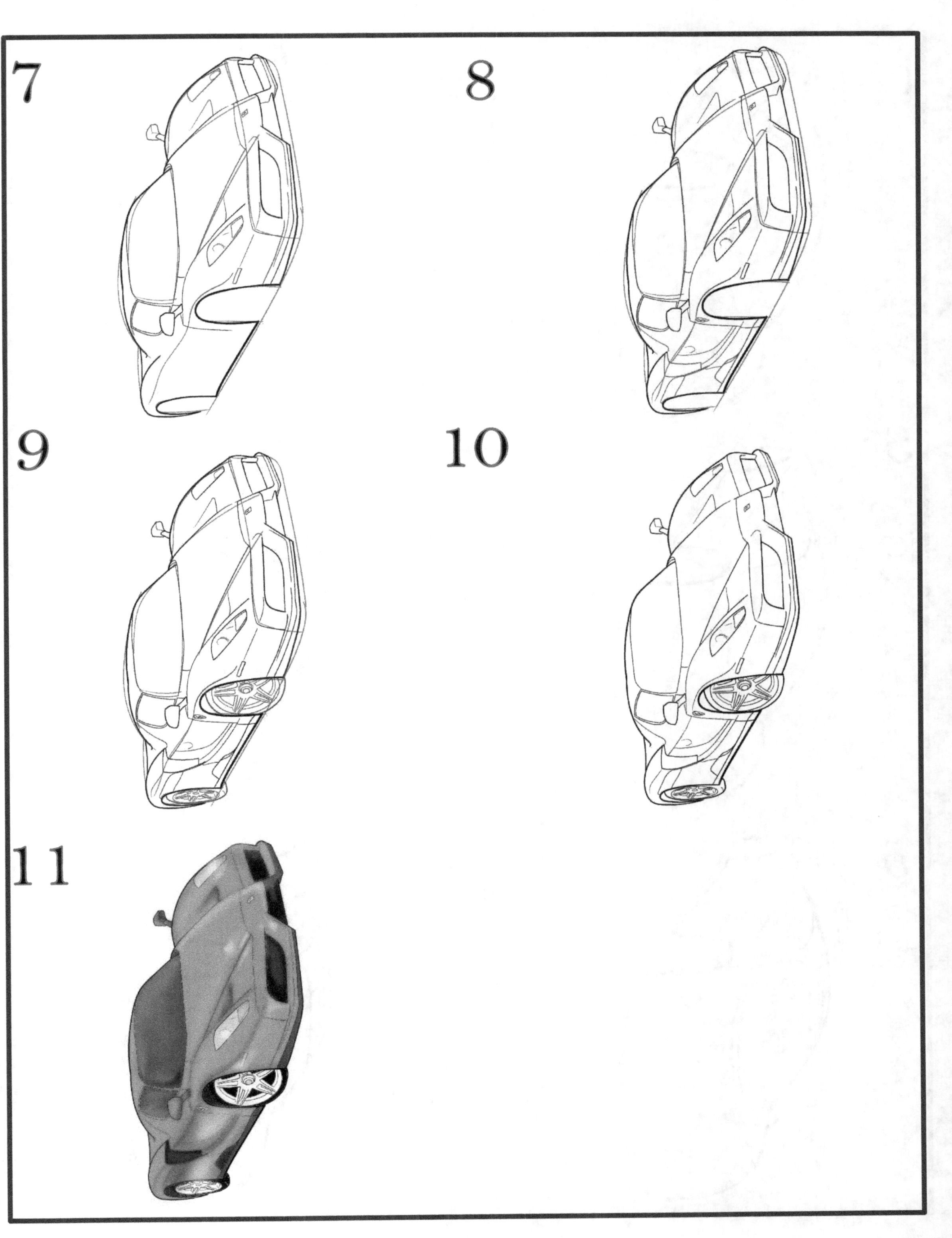

7
8
9
10
11

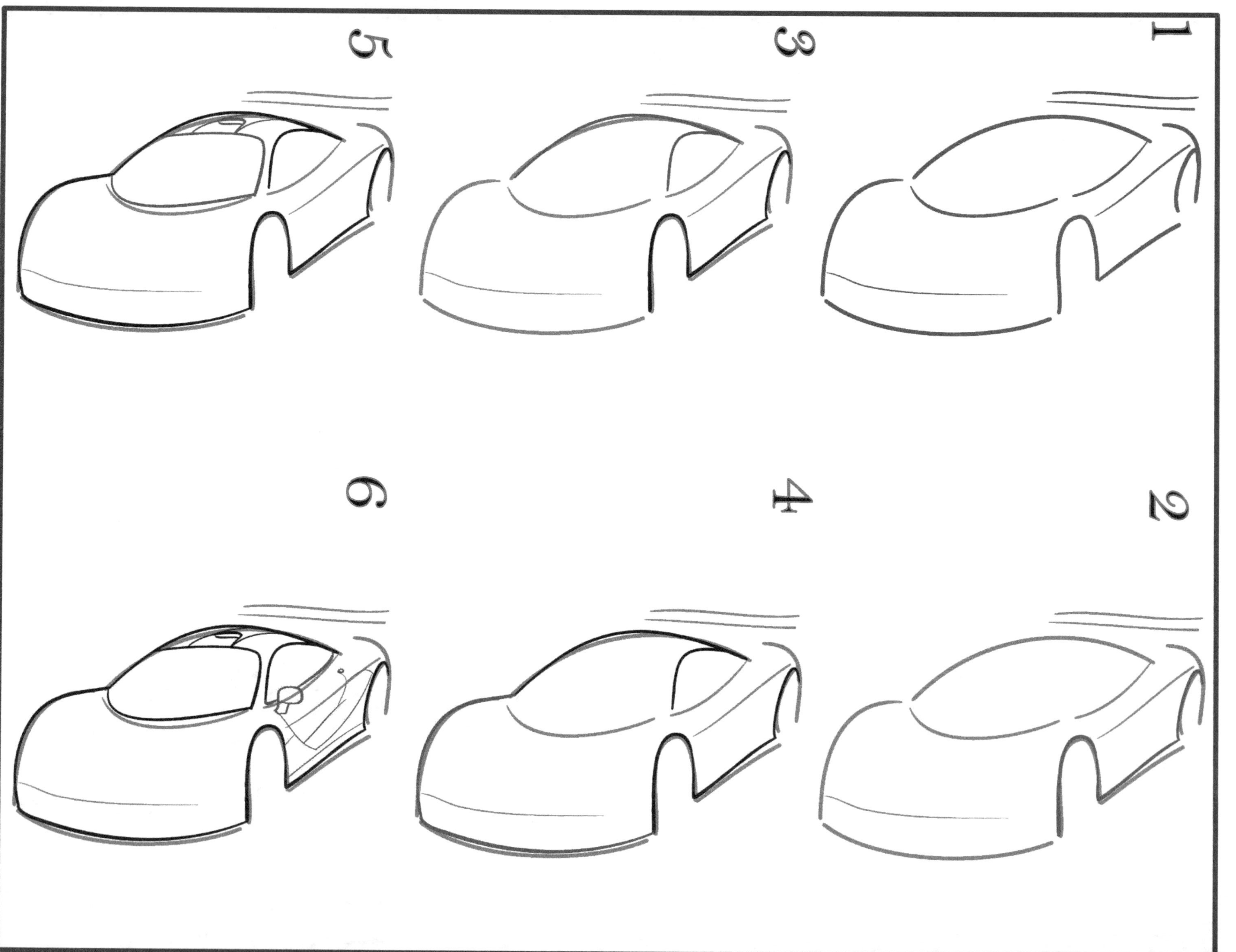

1
3
5
2
4
6

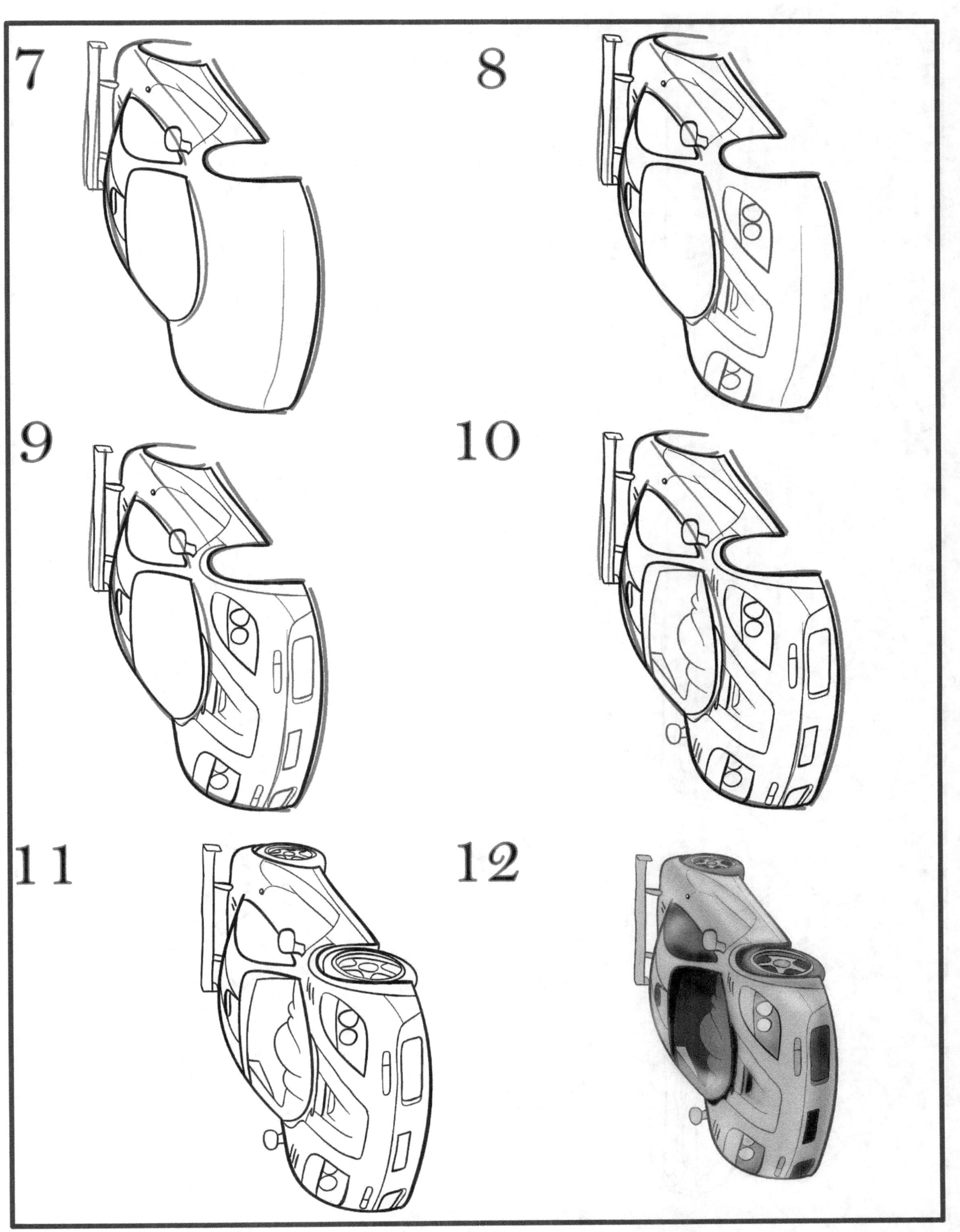

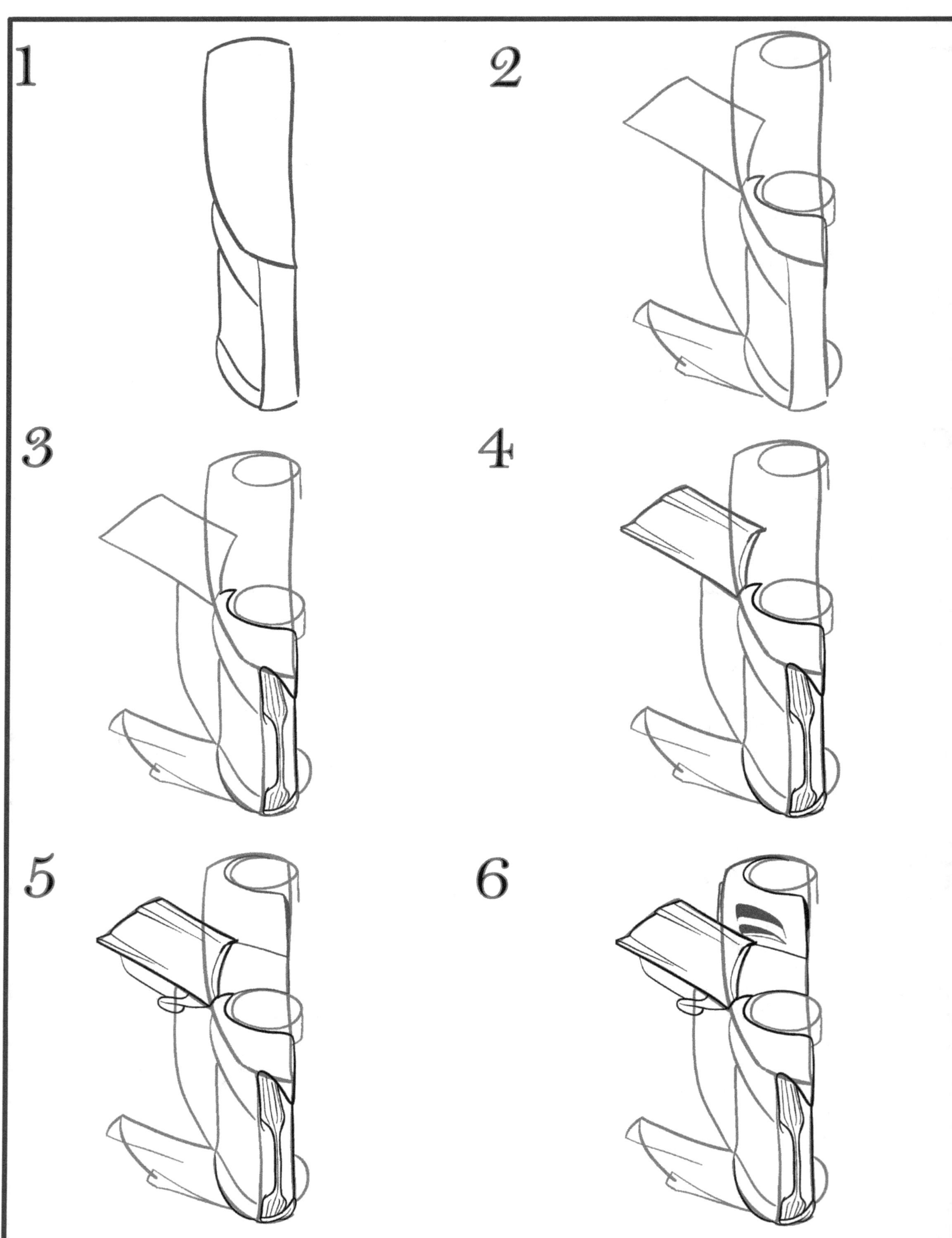

1
2
3
4
5
6

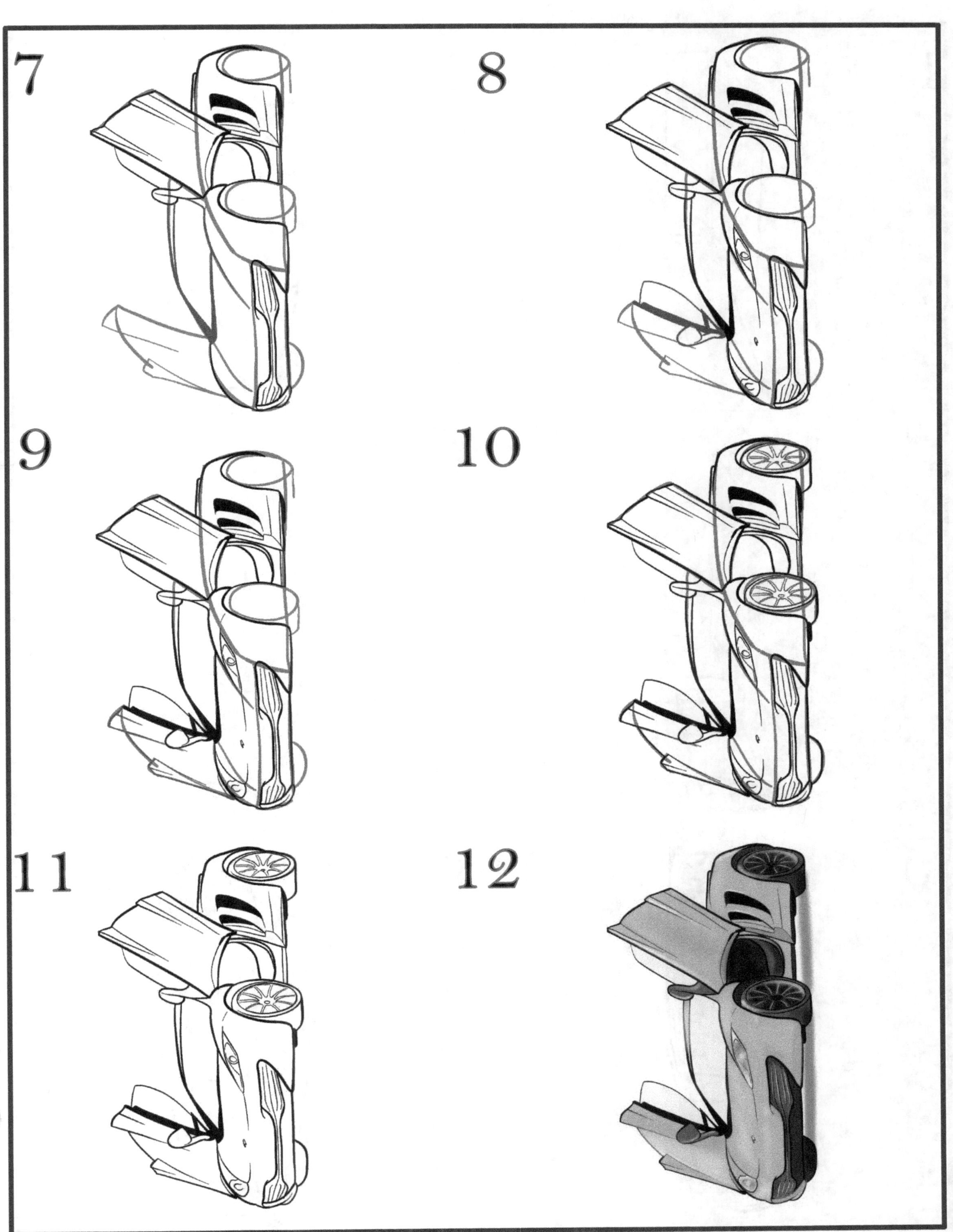

7
8
9
10
11
12

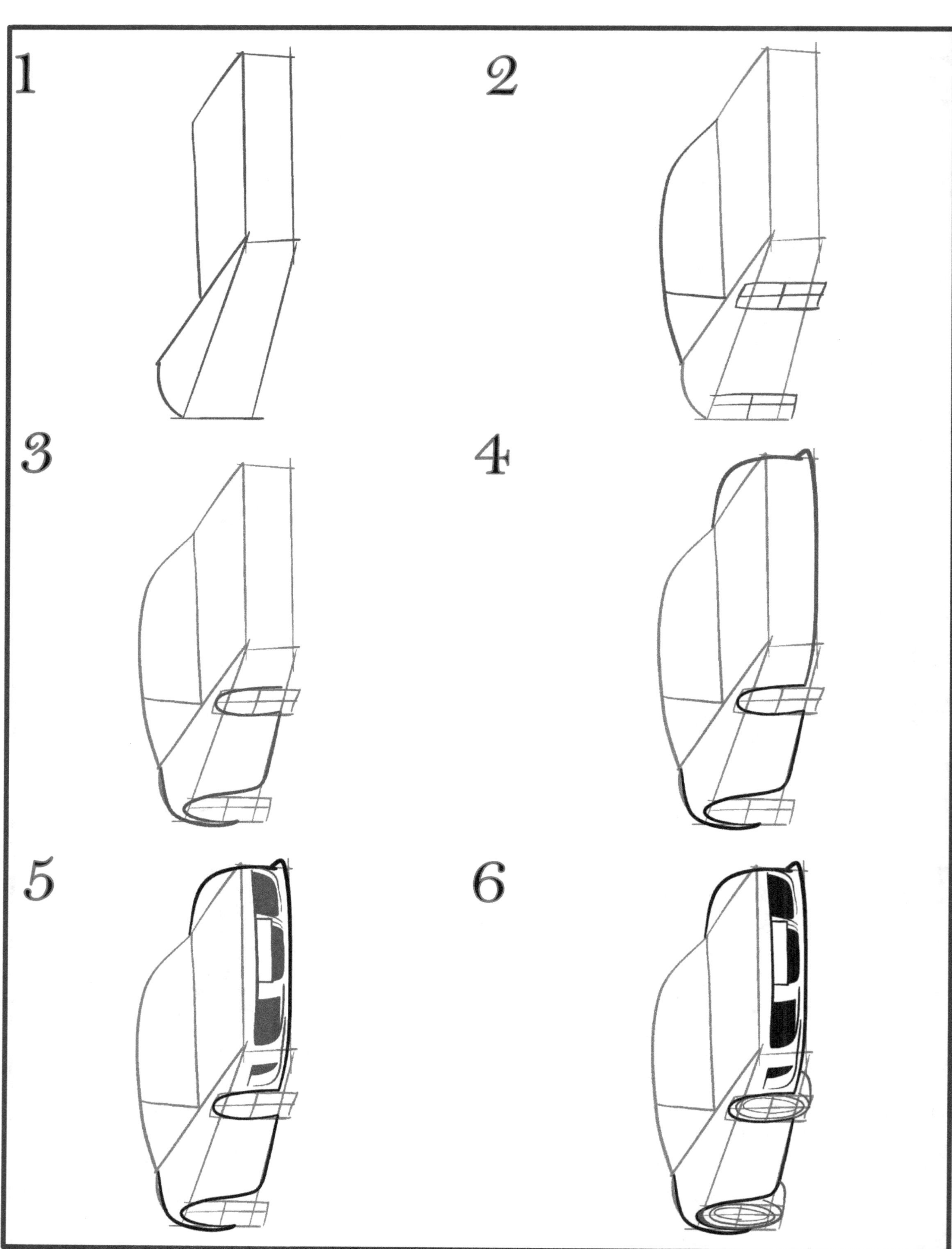
1
2
3
4
5
6

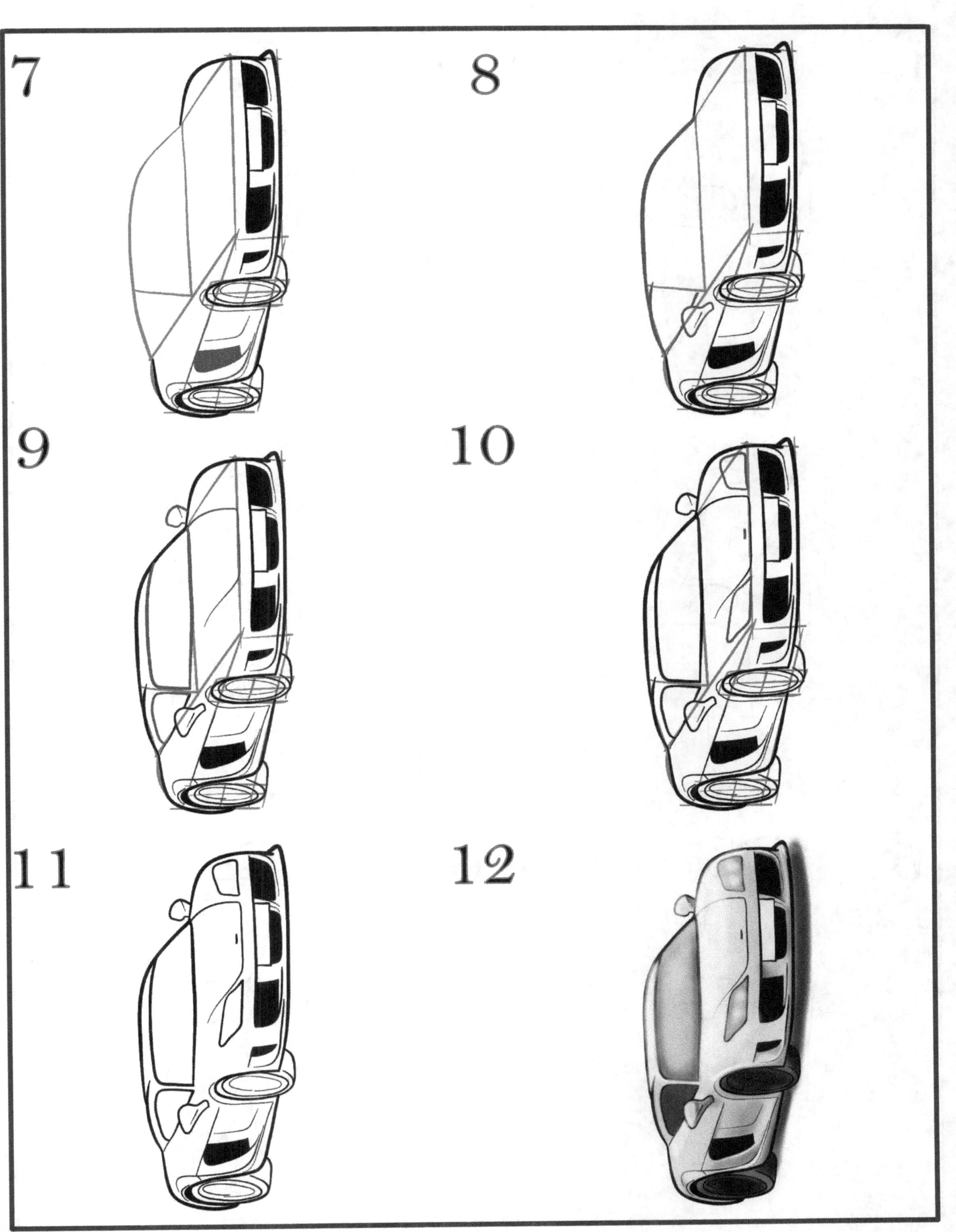

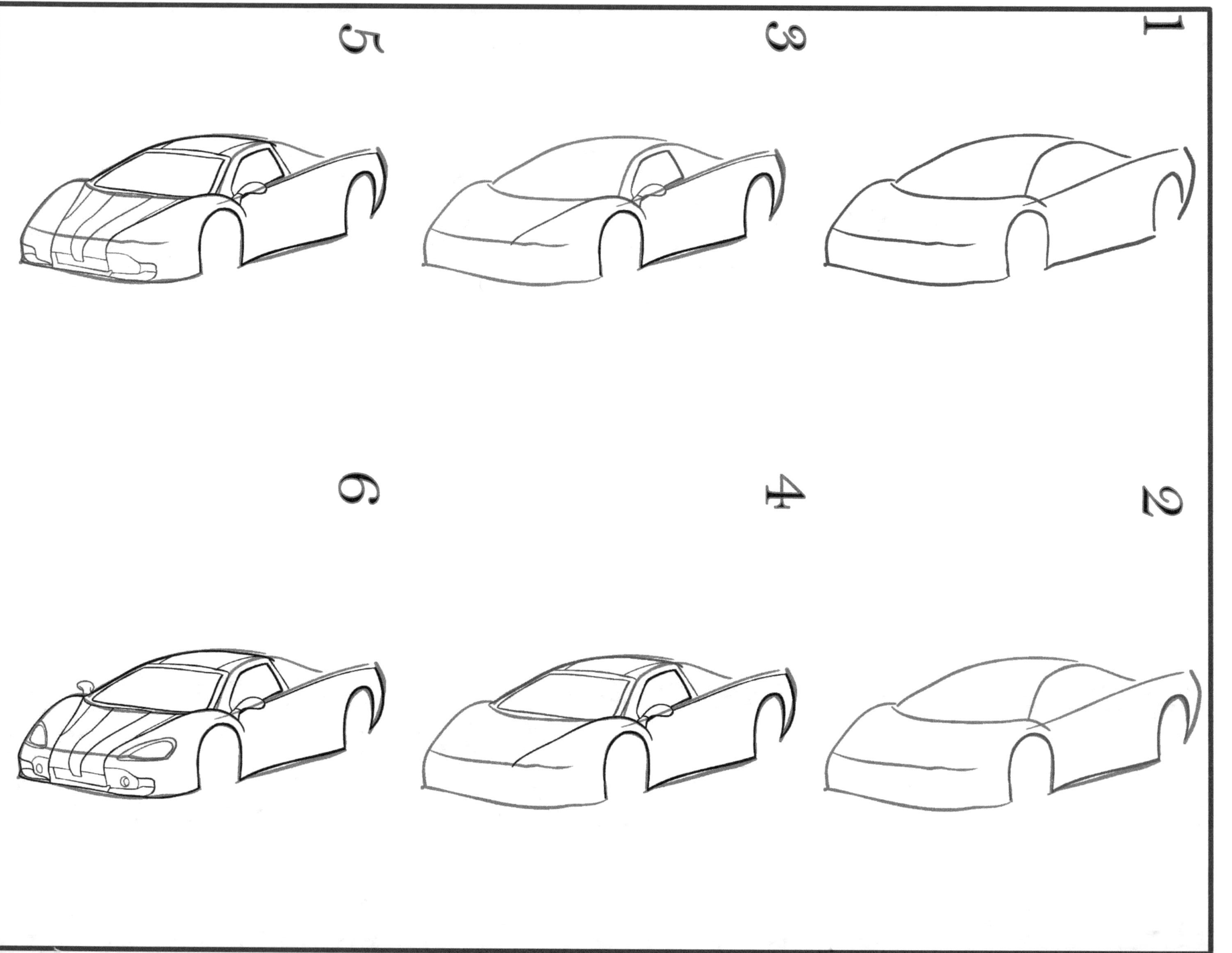

1
3
5
2
4
6

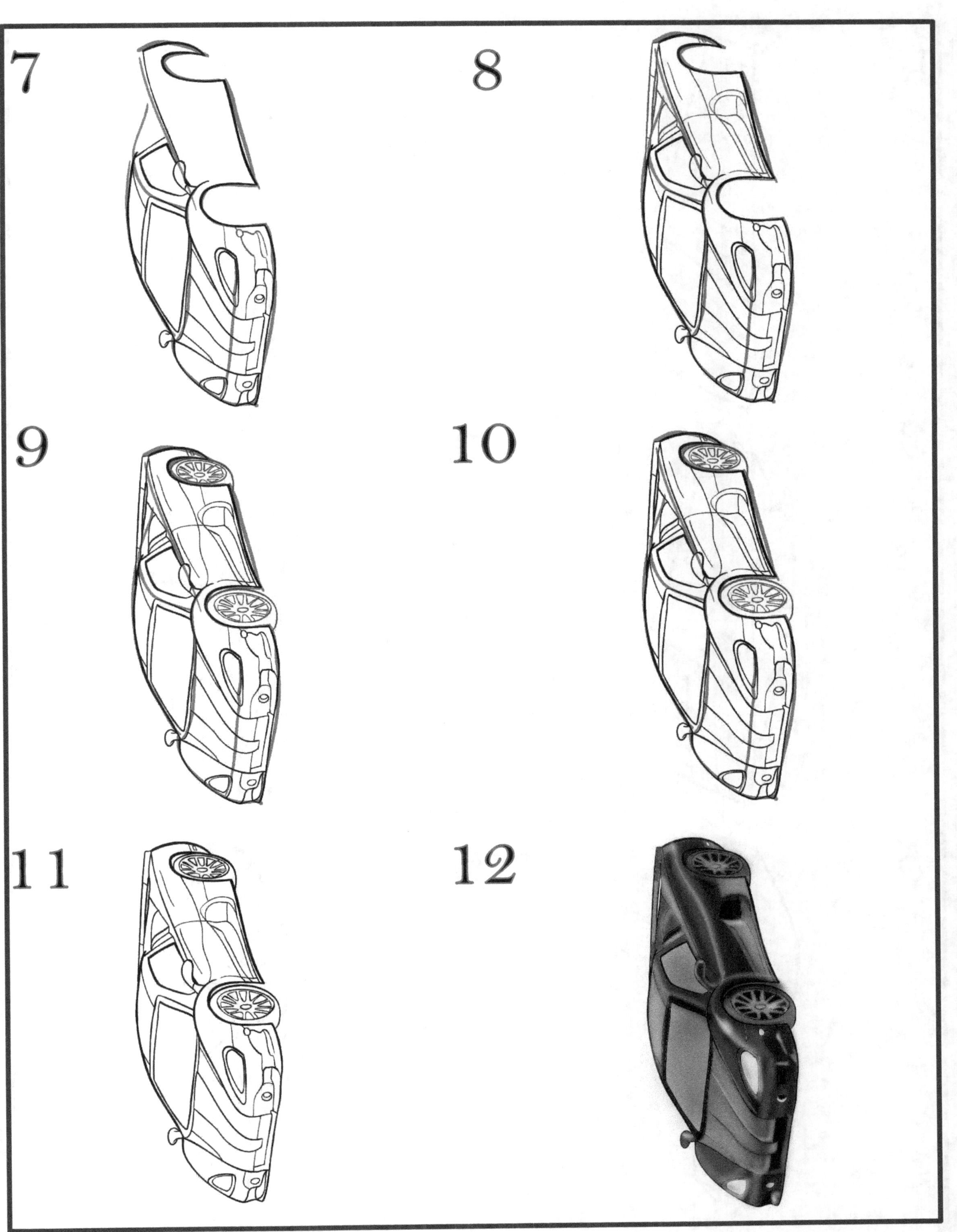
7
8
9
10
11
12

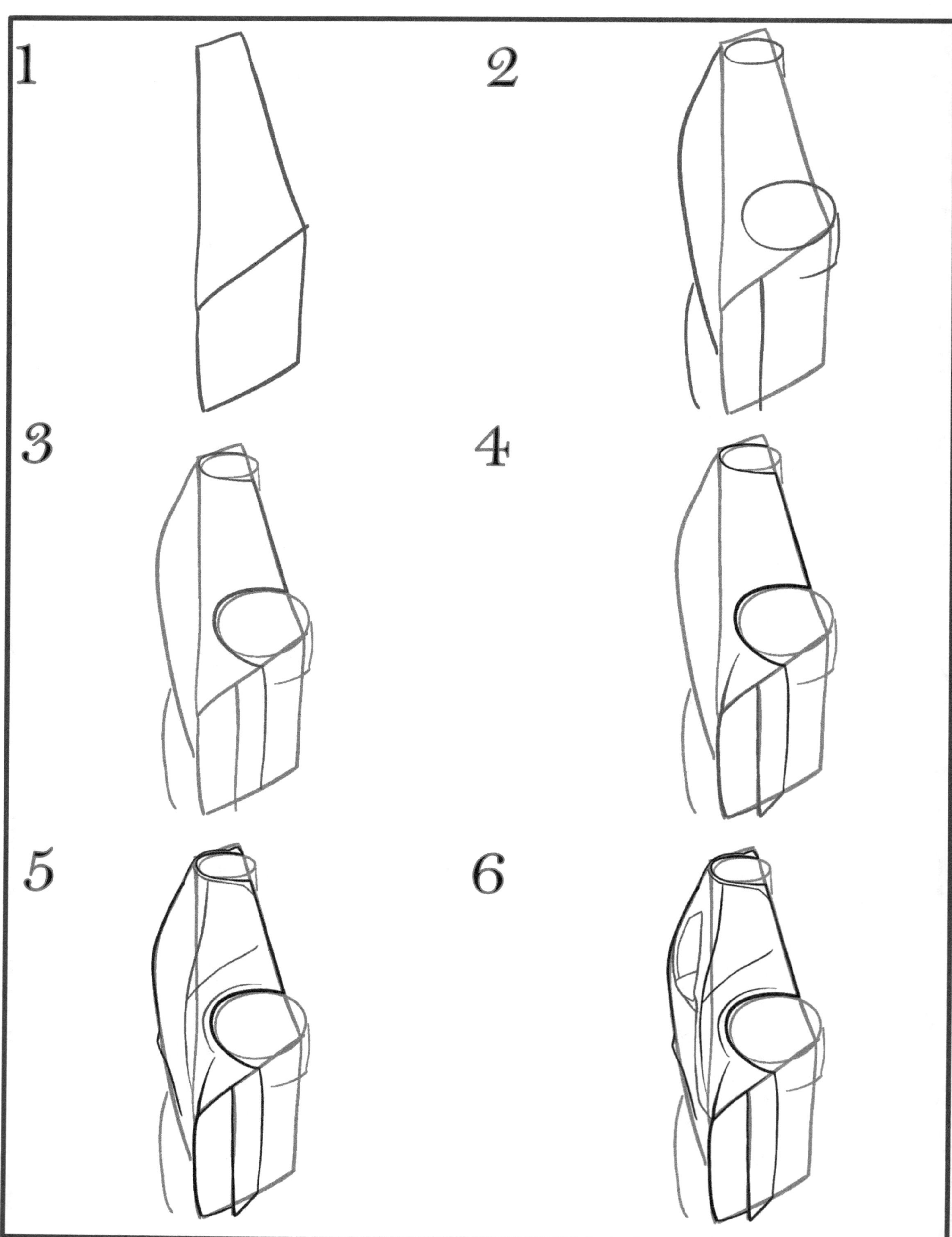

1
2
3
4
5
6

7
9
11
8
10
12

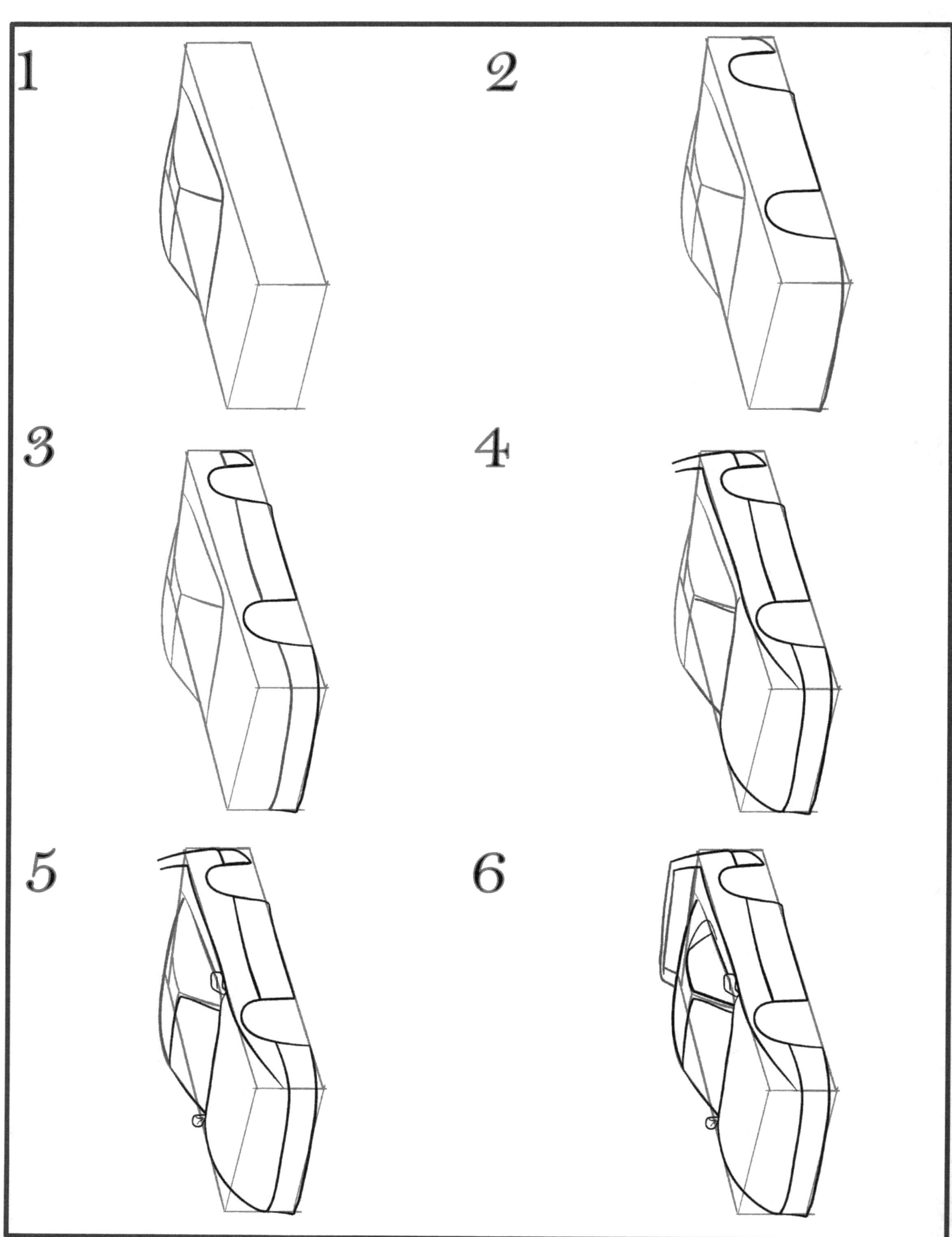

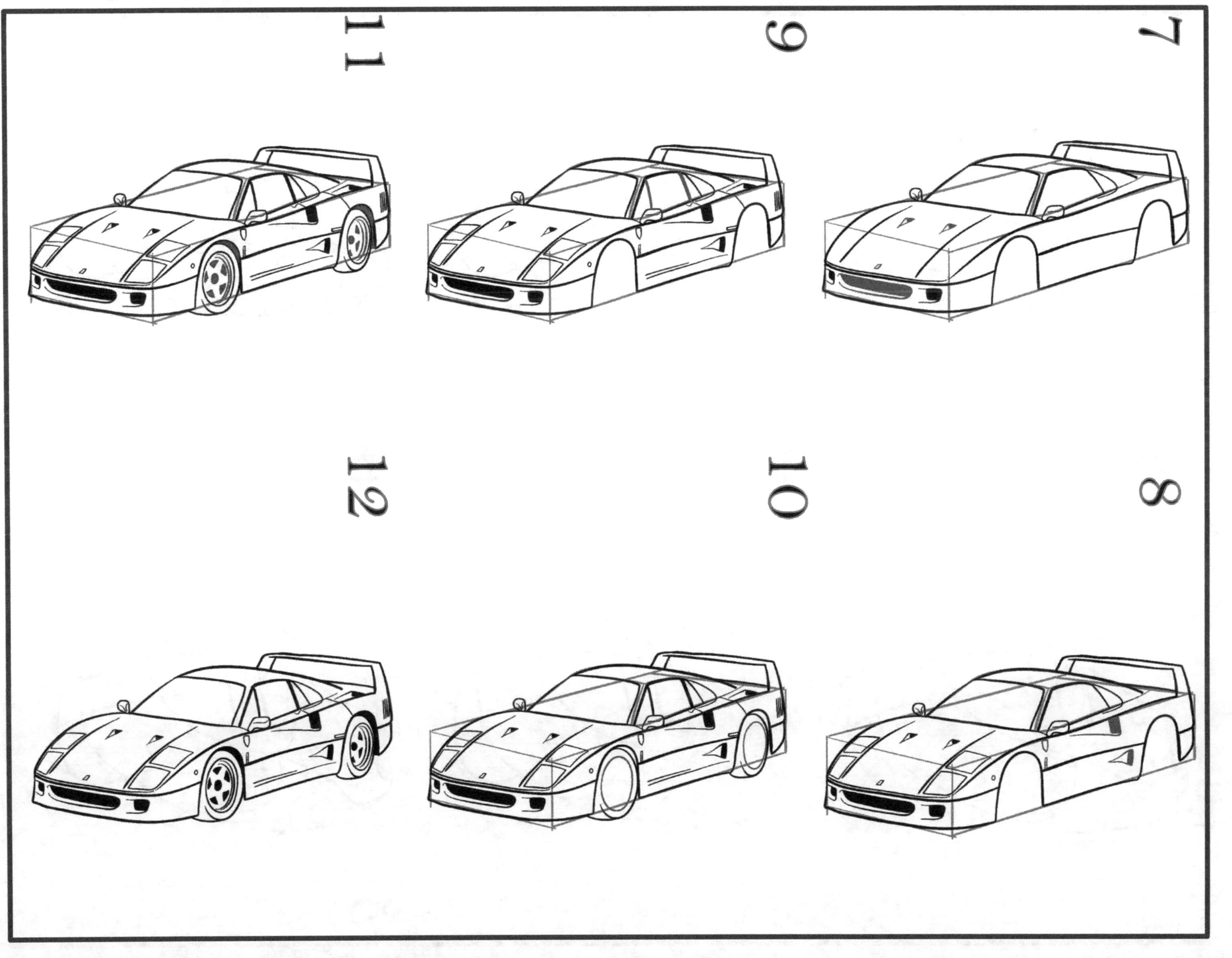

7
9
11
8
10
12

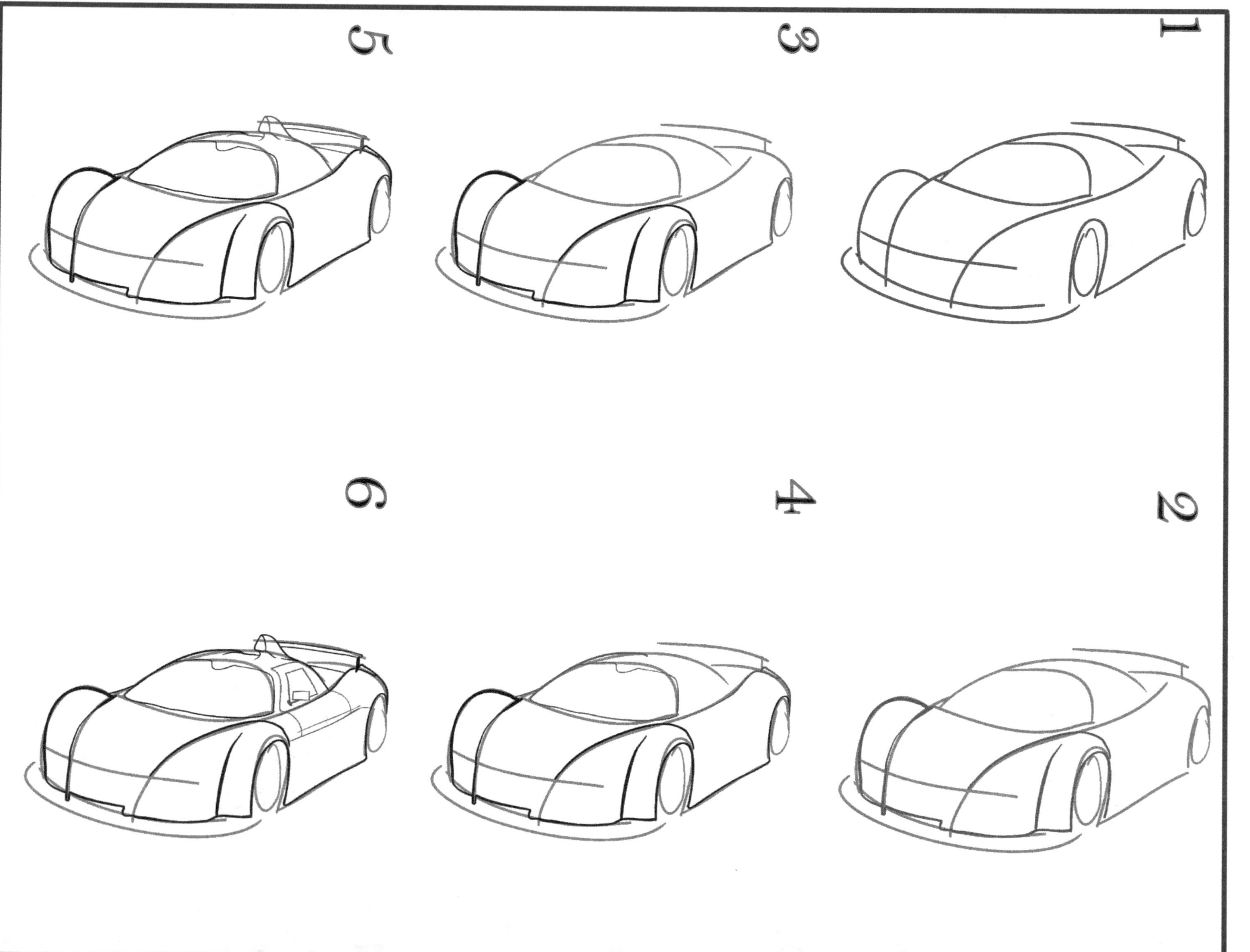
1
2
3
4
5
6

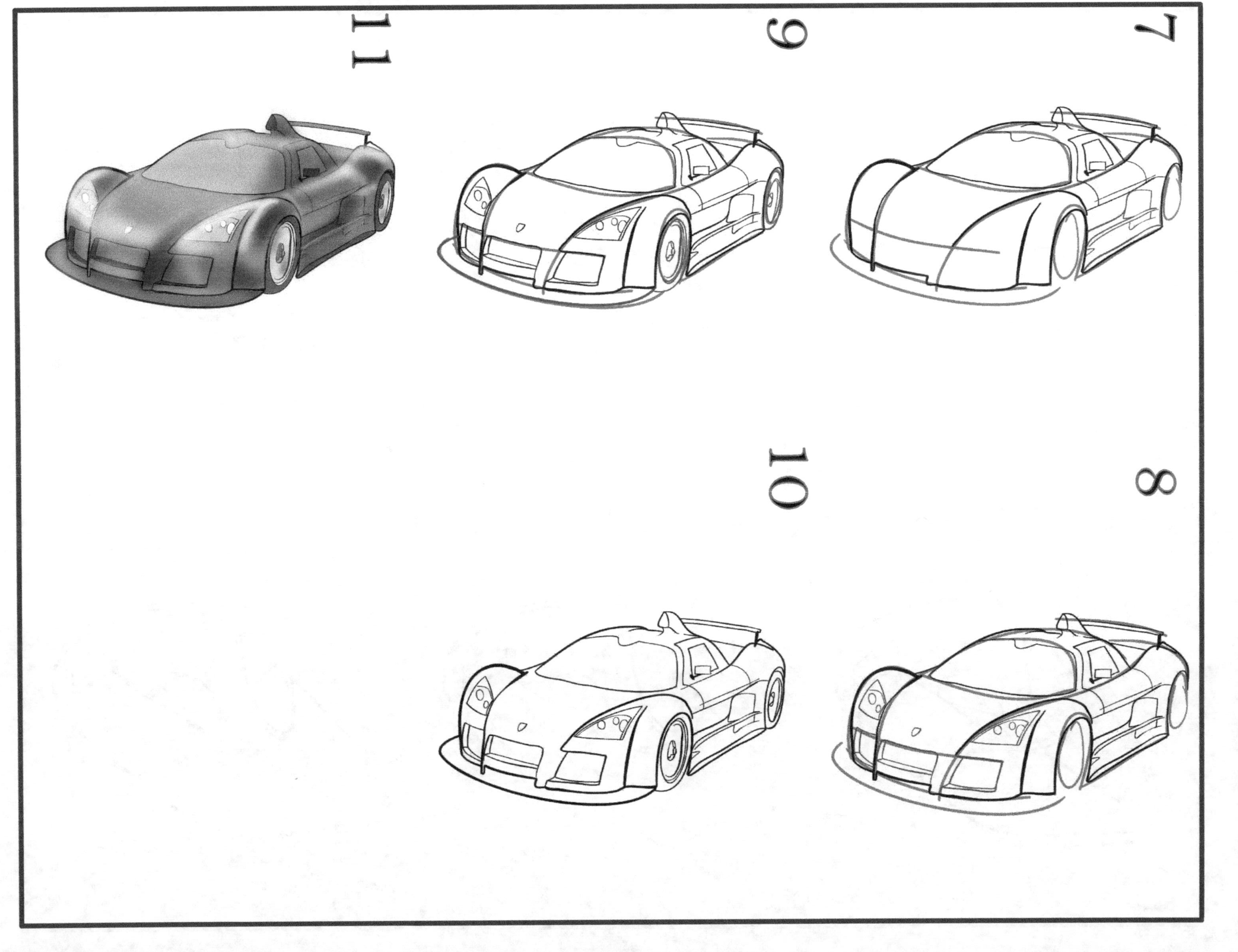

7
8
9
10
11

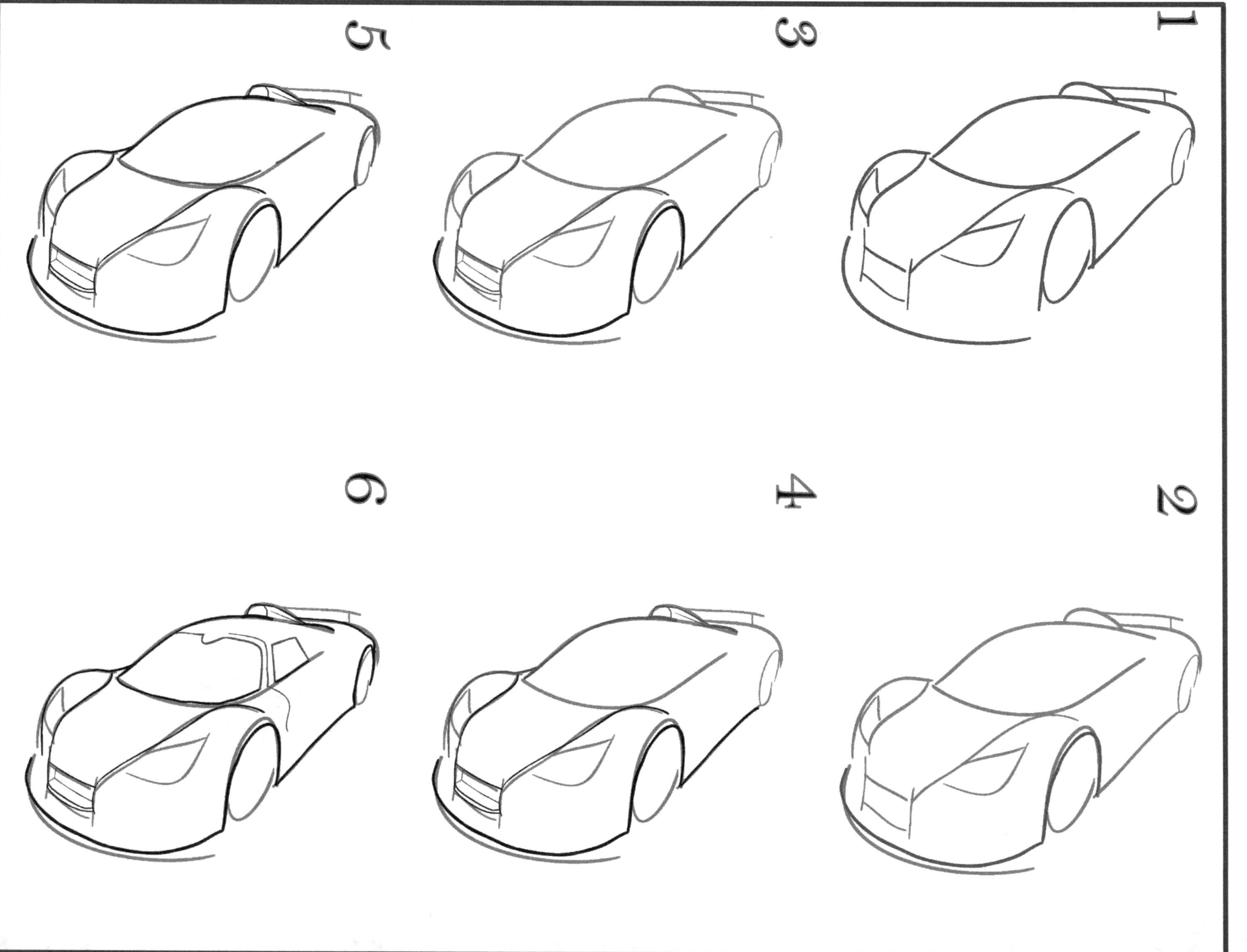
1
2
3
4
5
6

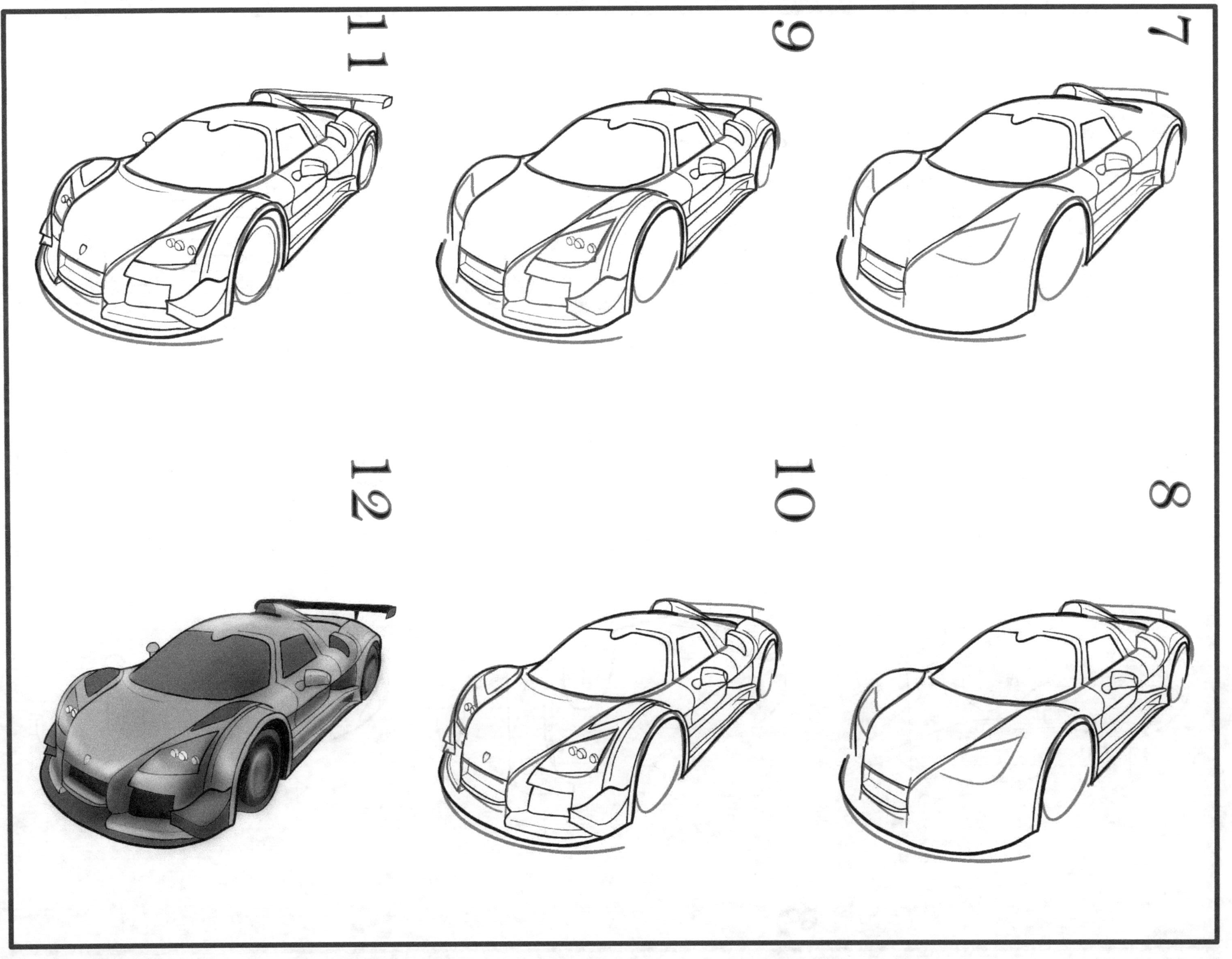

7
8
9
10
11
12

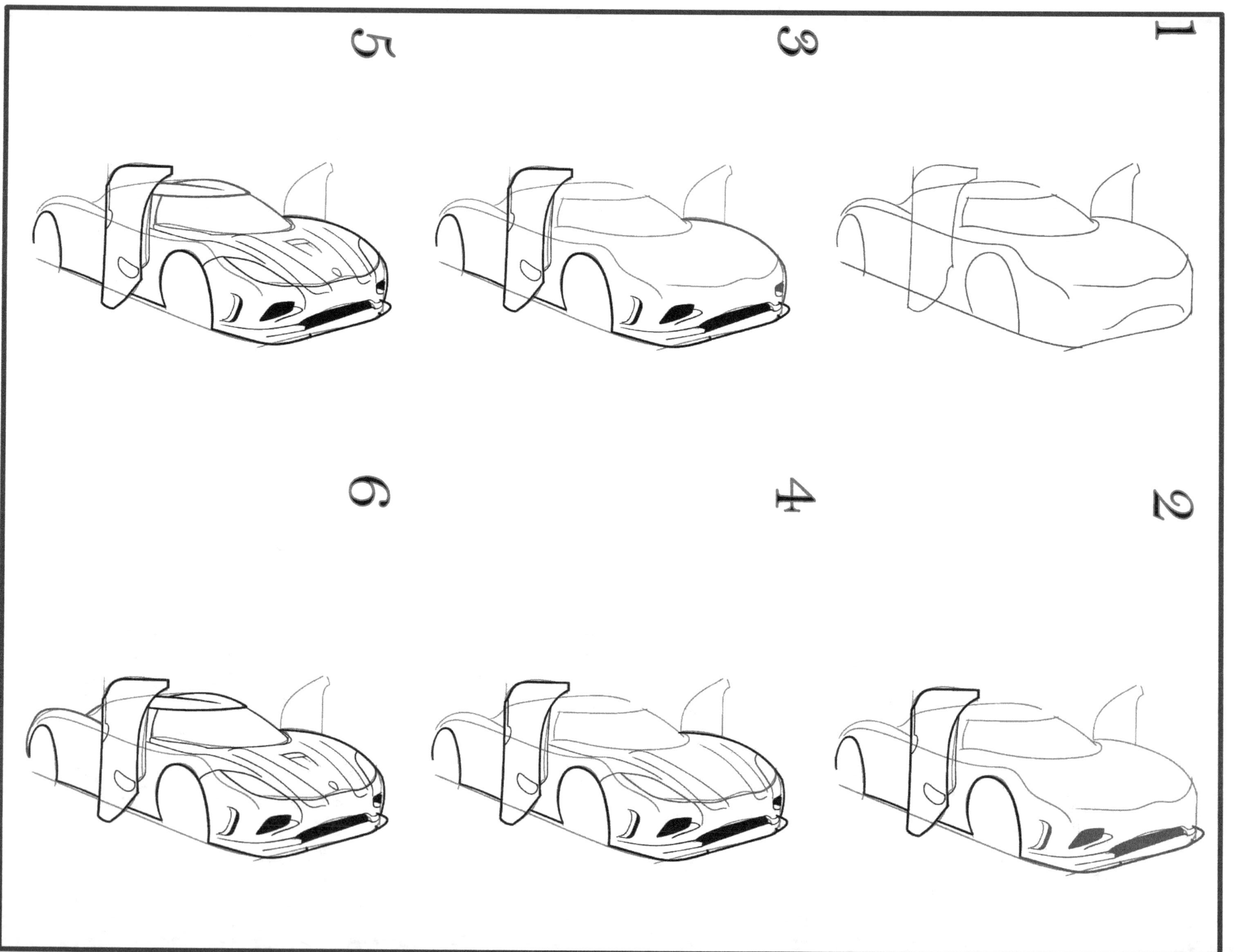
1
2
3
4
5
6

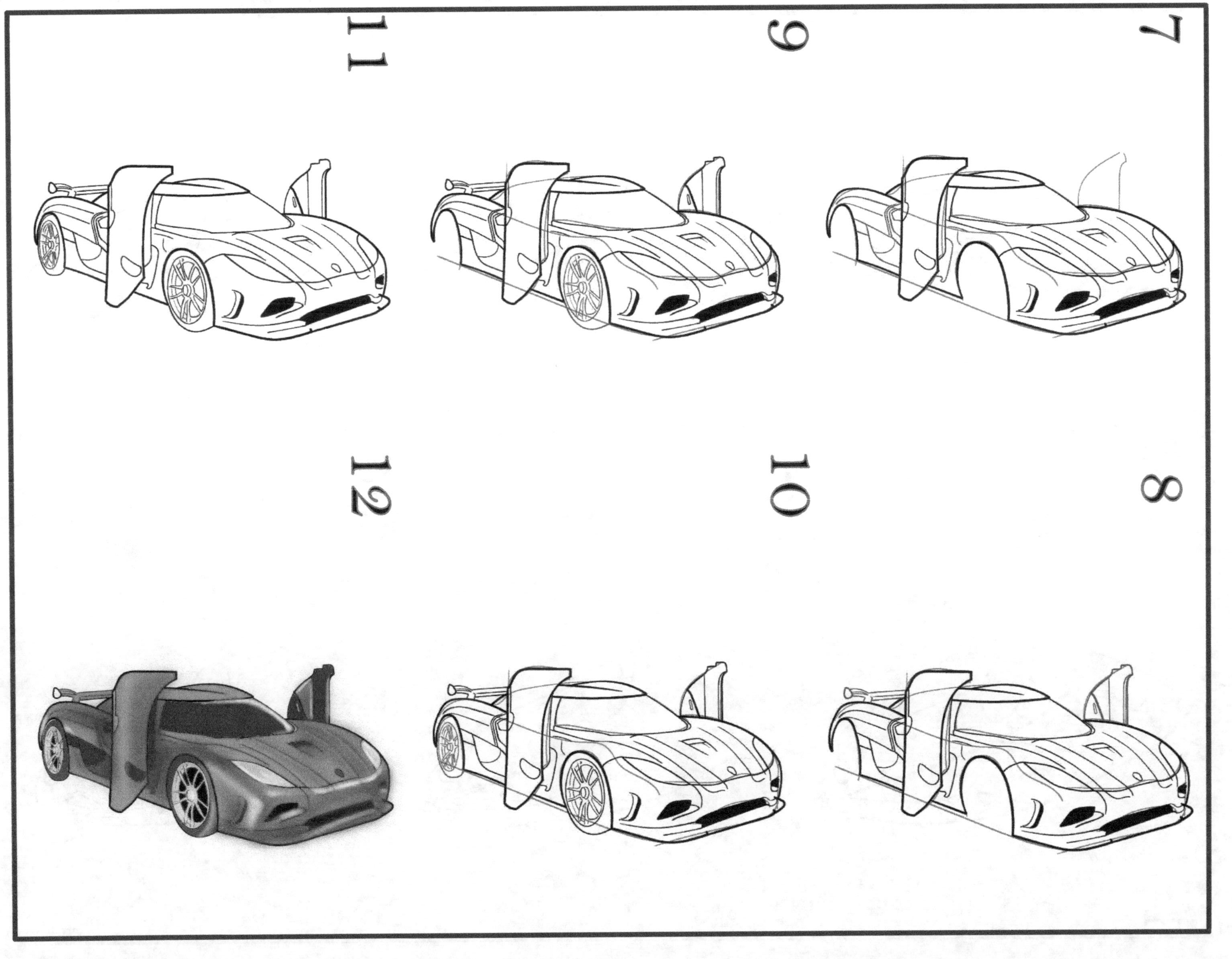

7
9
8
11
10
12

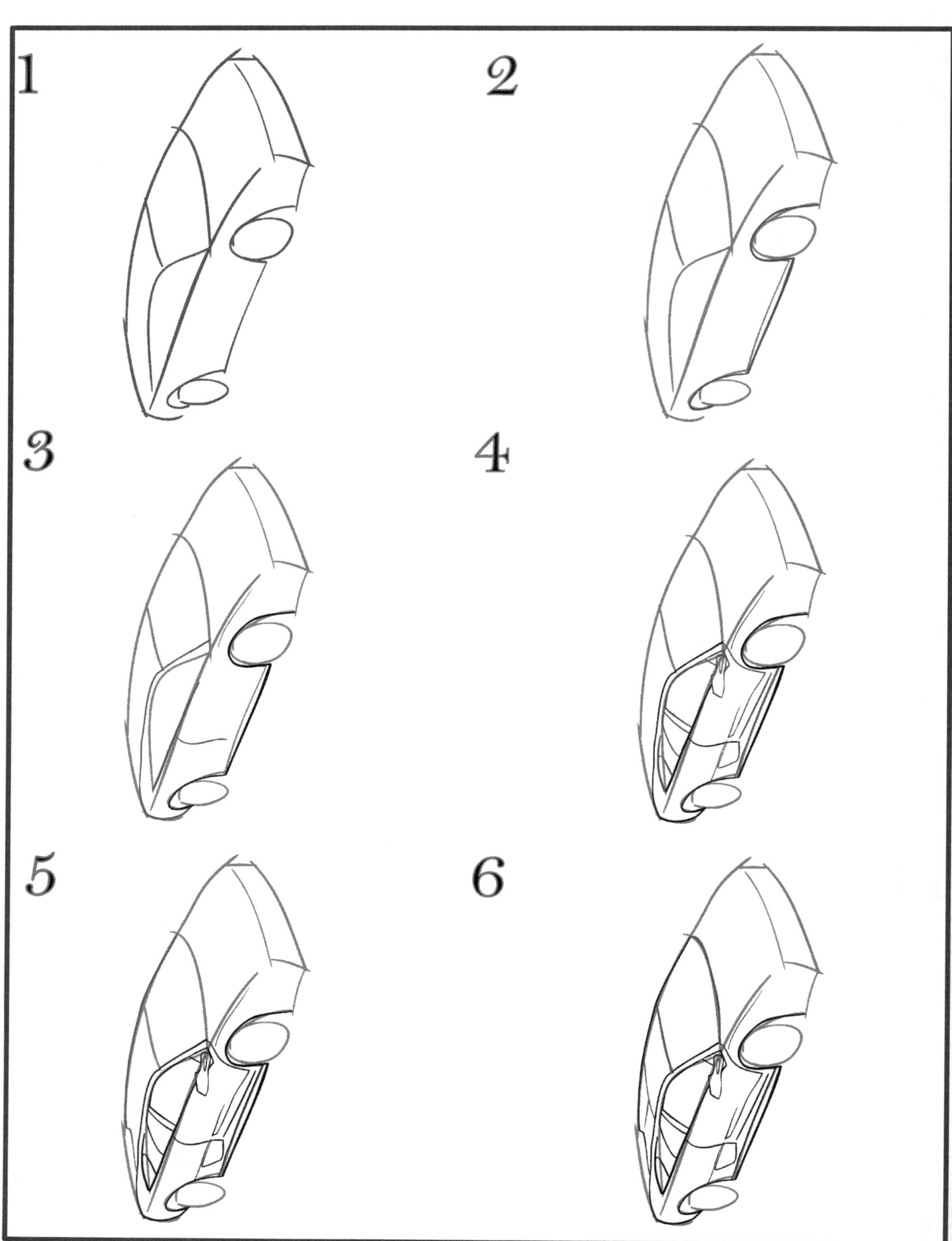
1
2
3
4
5
6

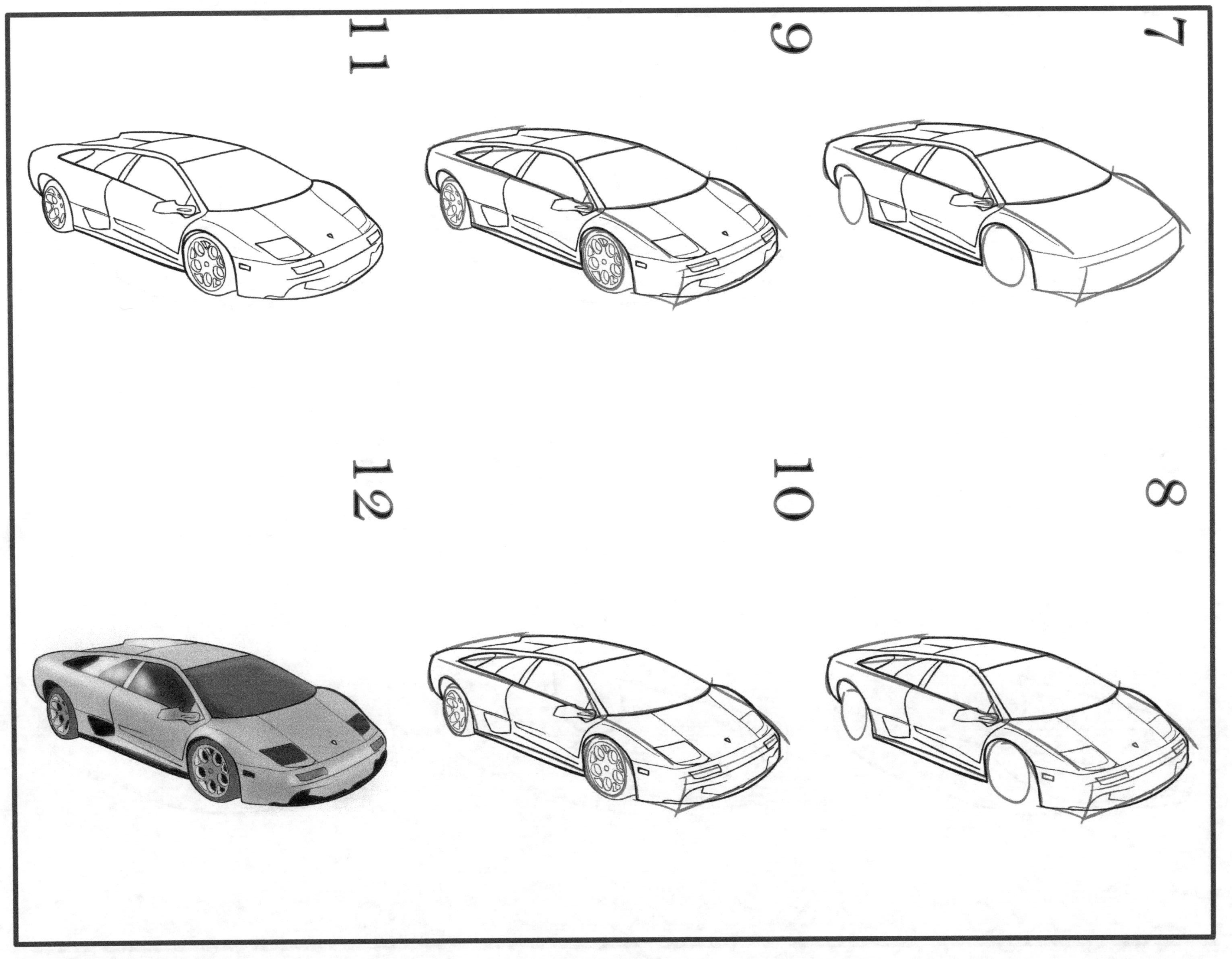

7
8
9
10
11
12

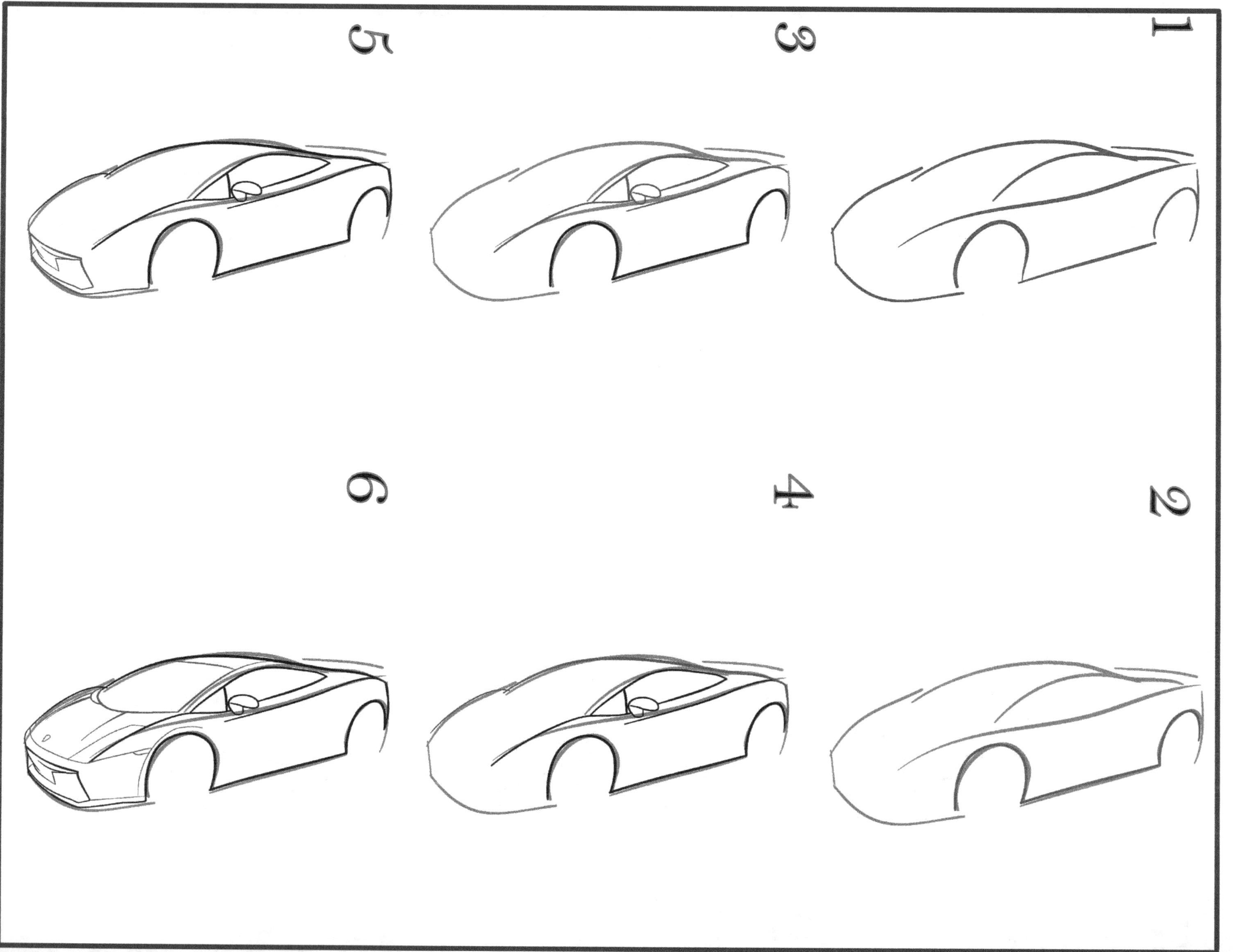
1
2
3
4
5
6

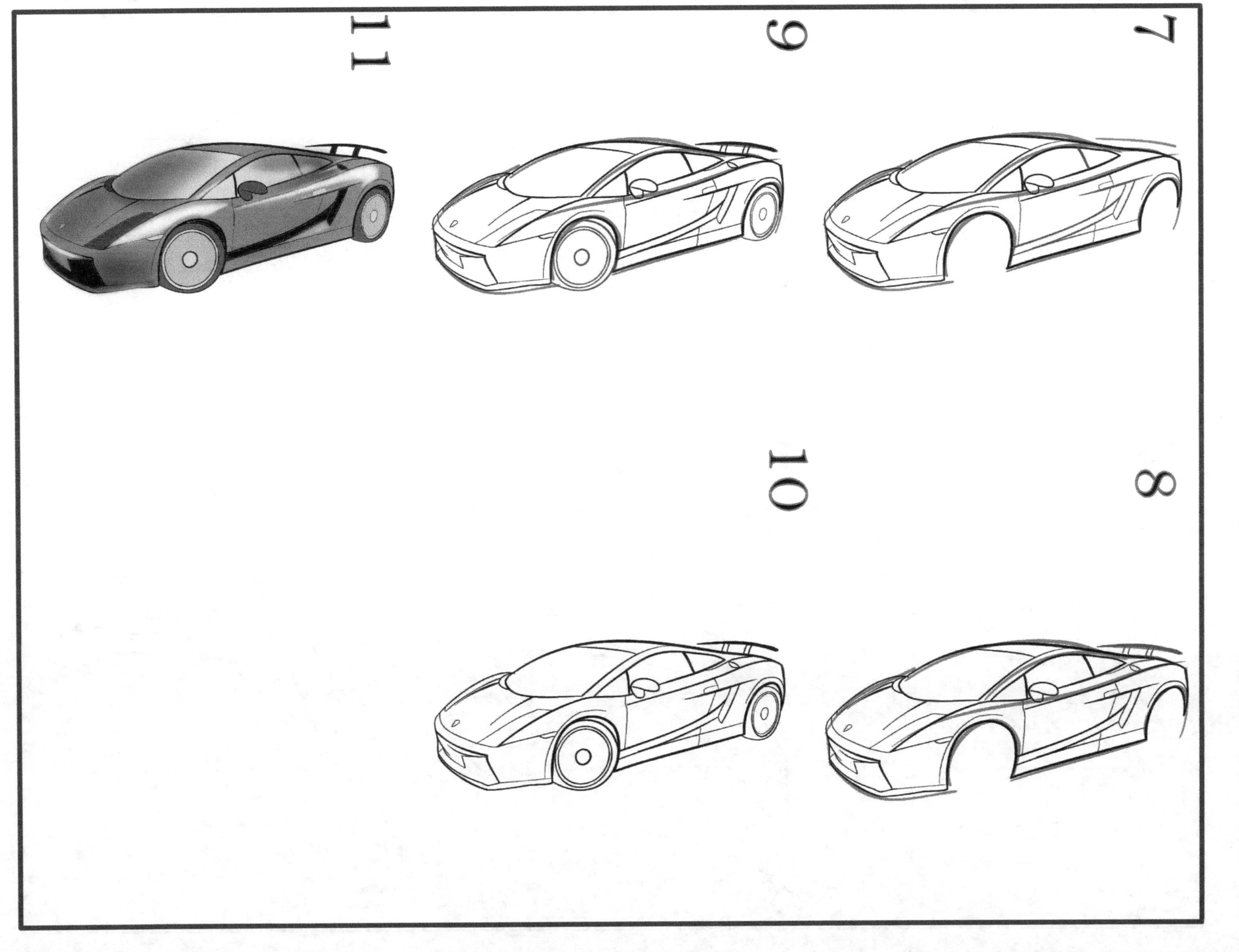

7
9
11
8
10

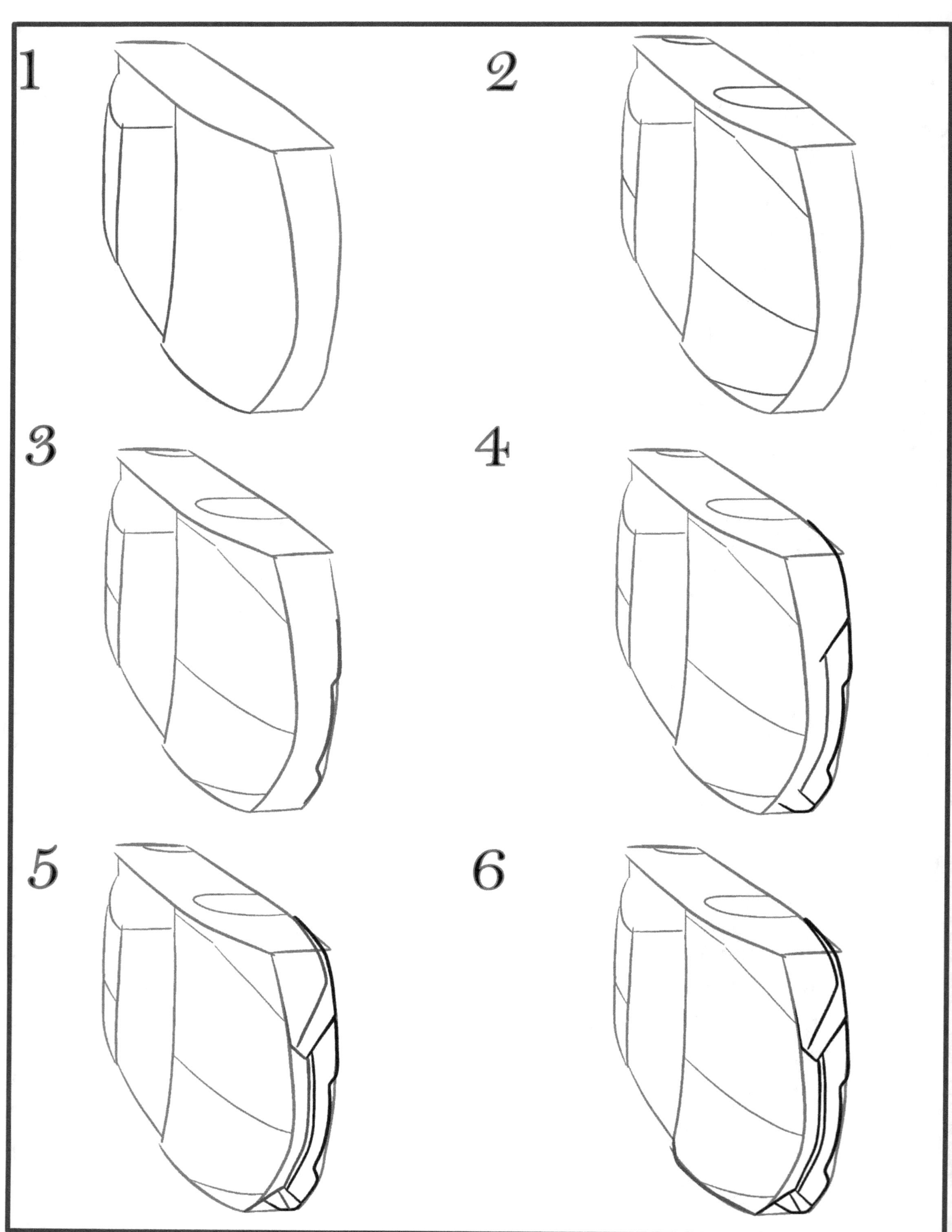

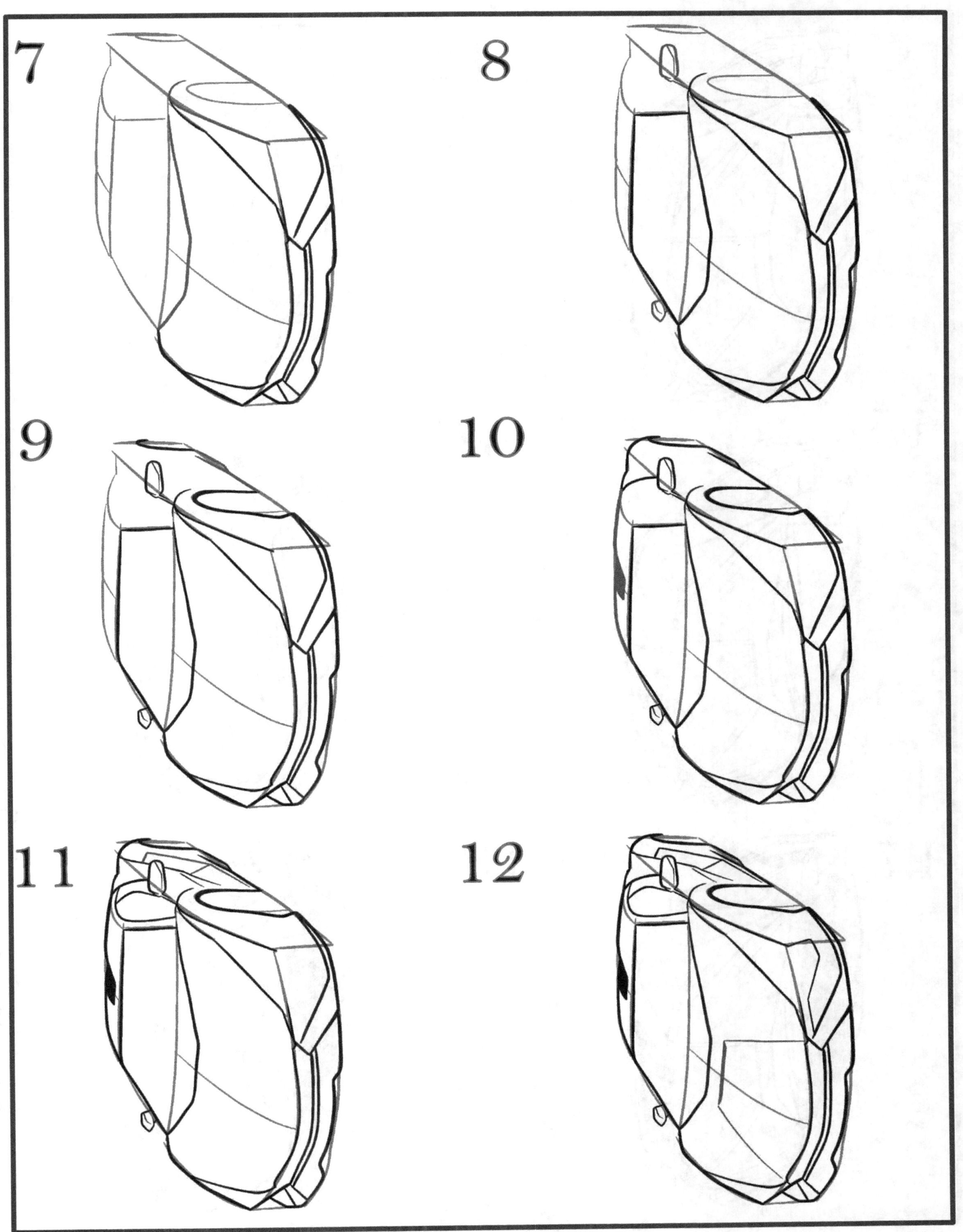

7
8
9
10
11
12

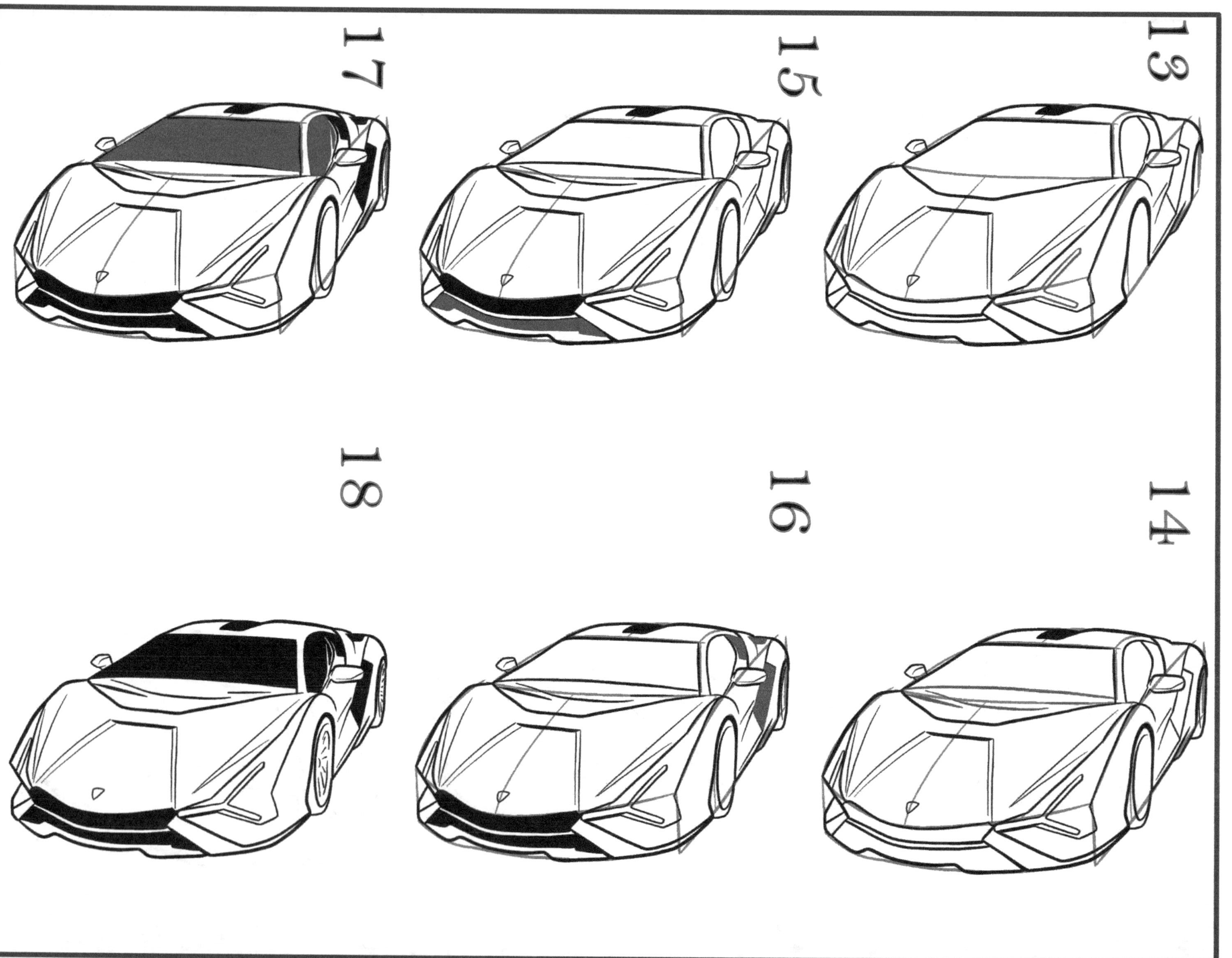
13
14
15
16
17
18

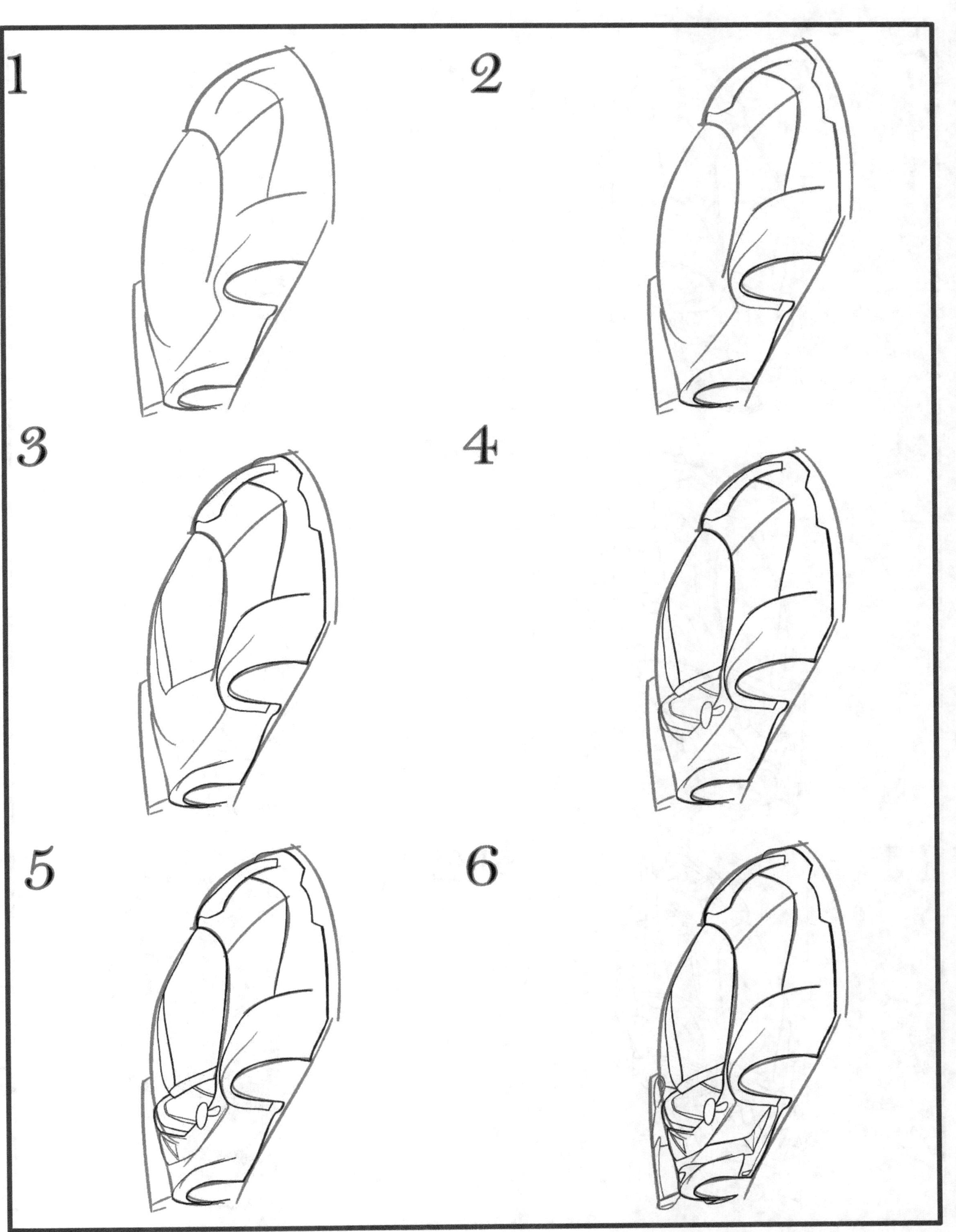

1
2
3
4
5
6

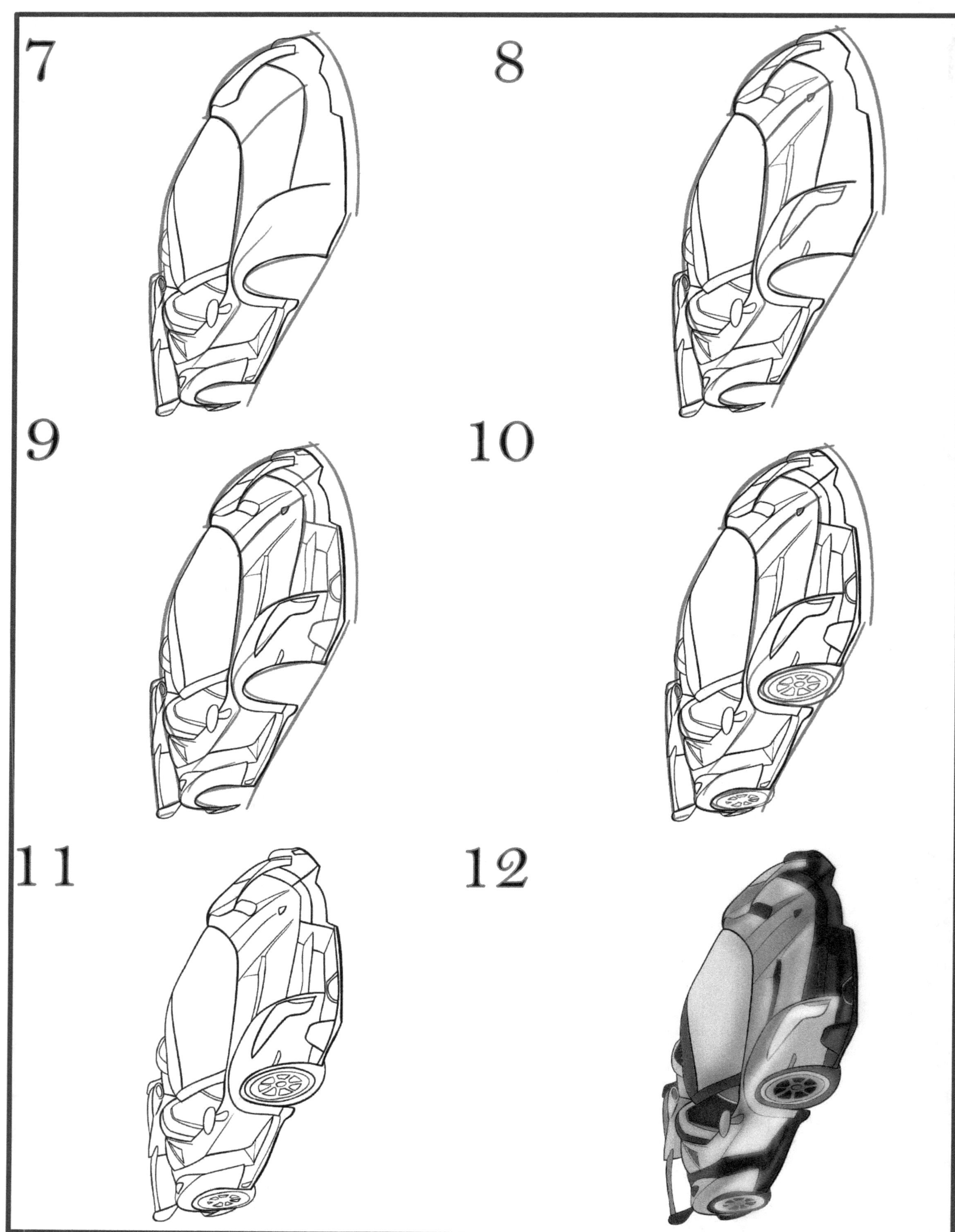

7
8
9
10
11
12

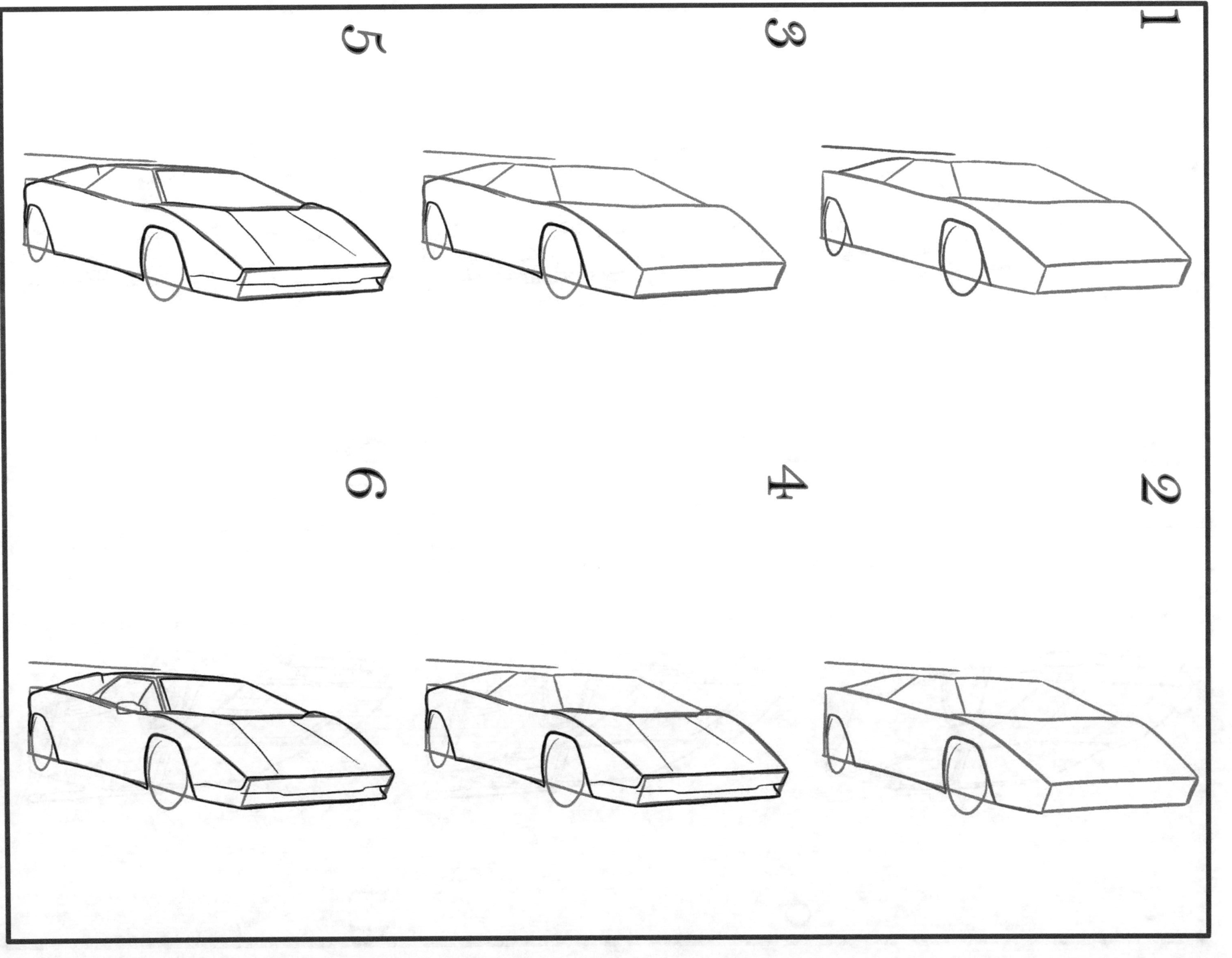

1
2
3
4
5
6

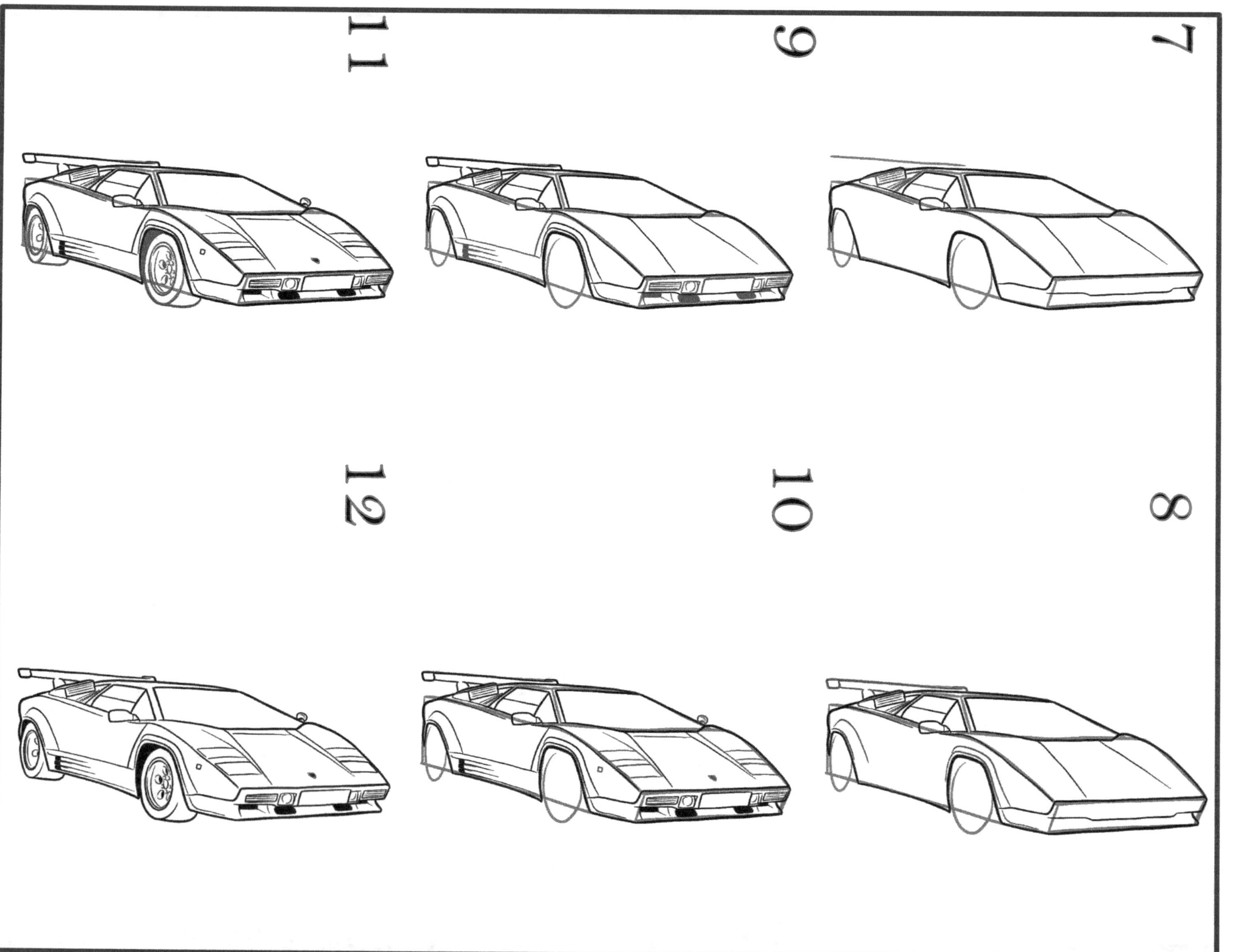

7
9
11
8
10
12

1

2

3

4

5

6

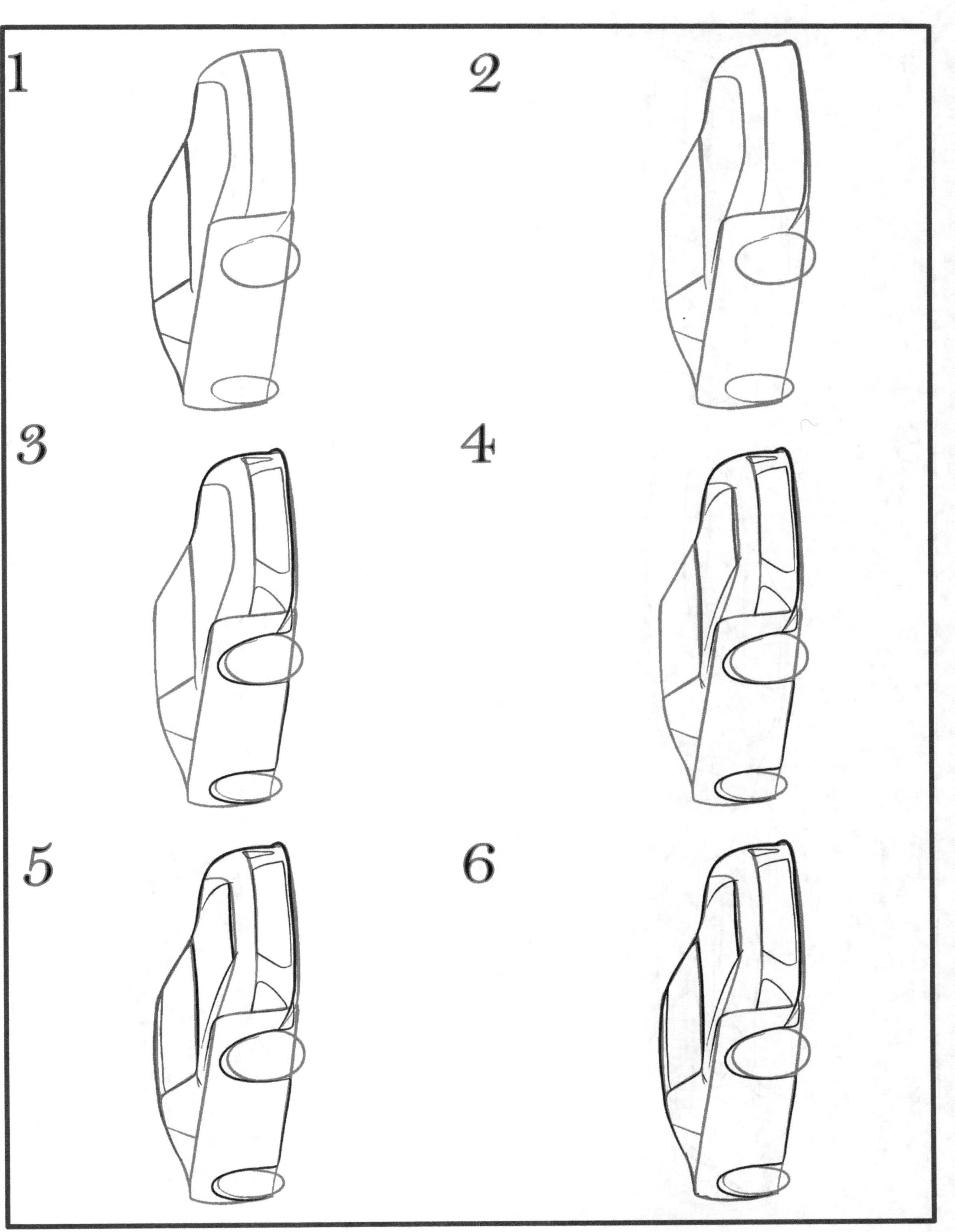

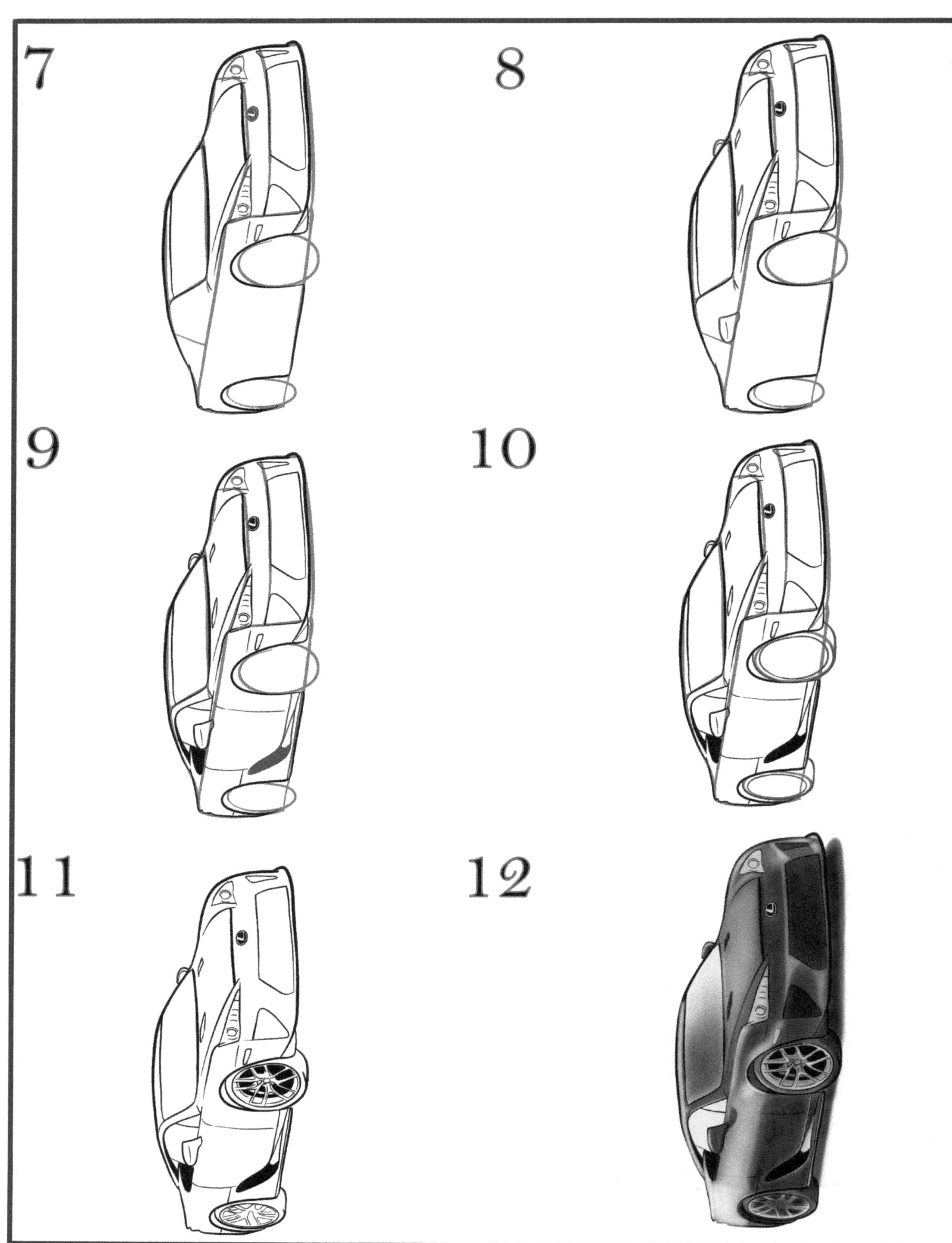
7
8
9
10
11
12

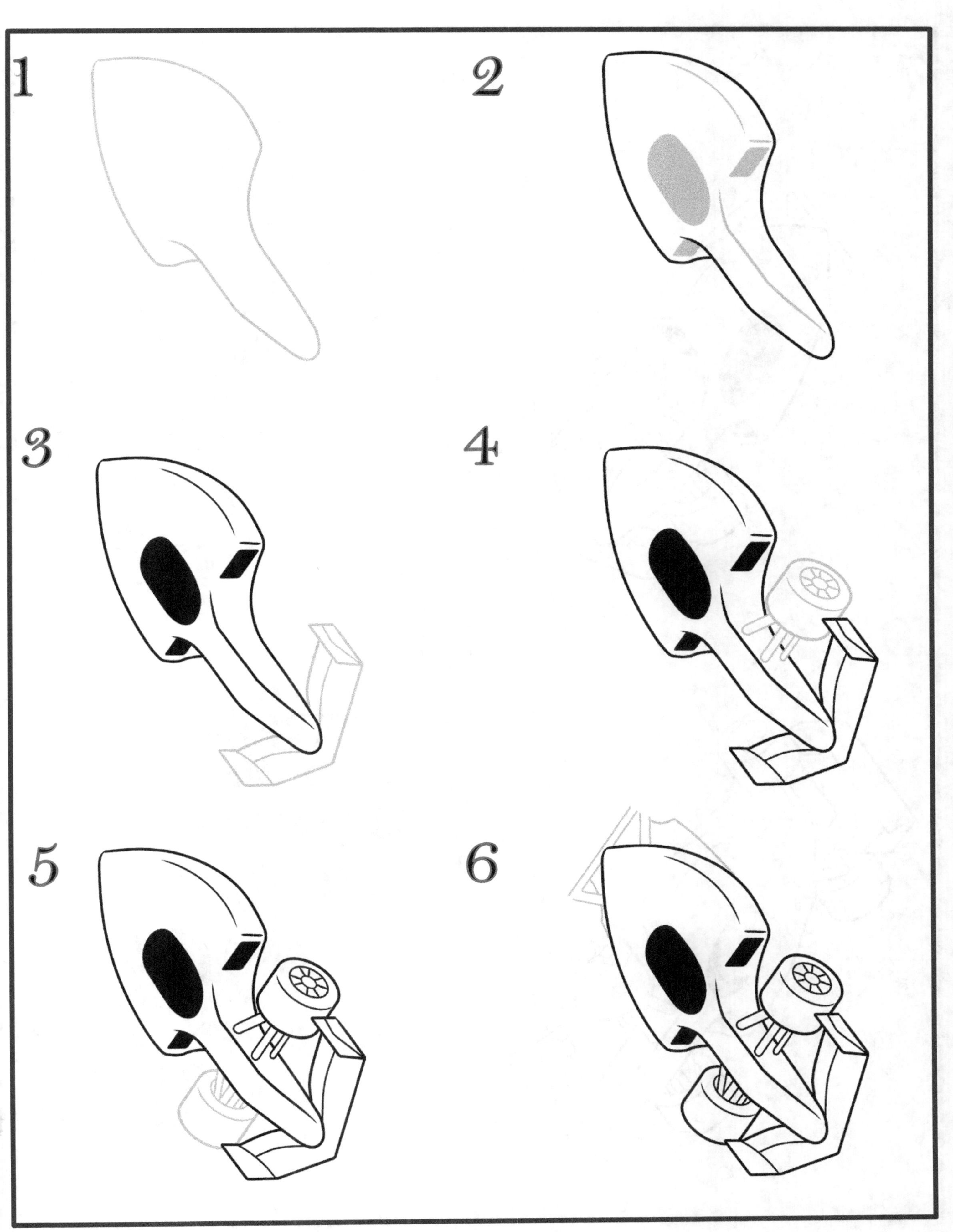

1
2
3
4
5
6

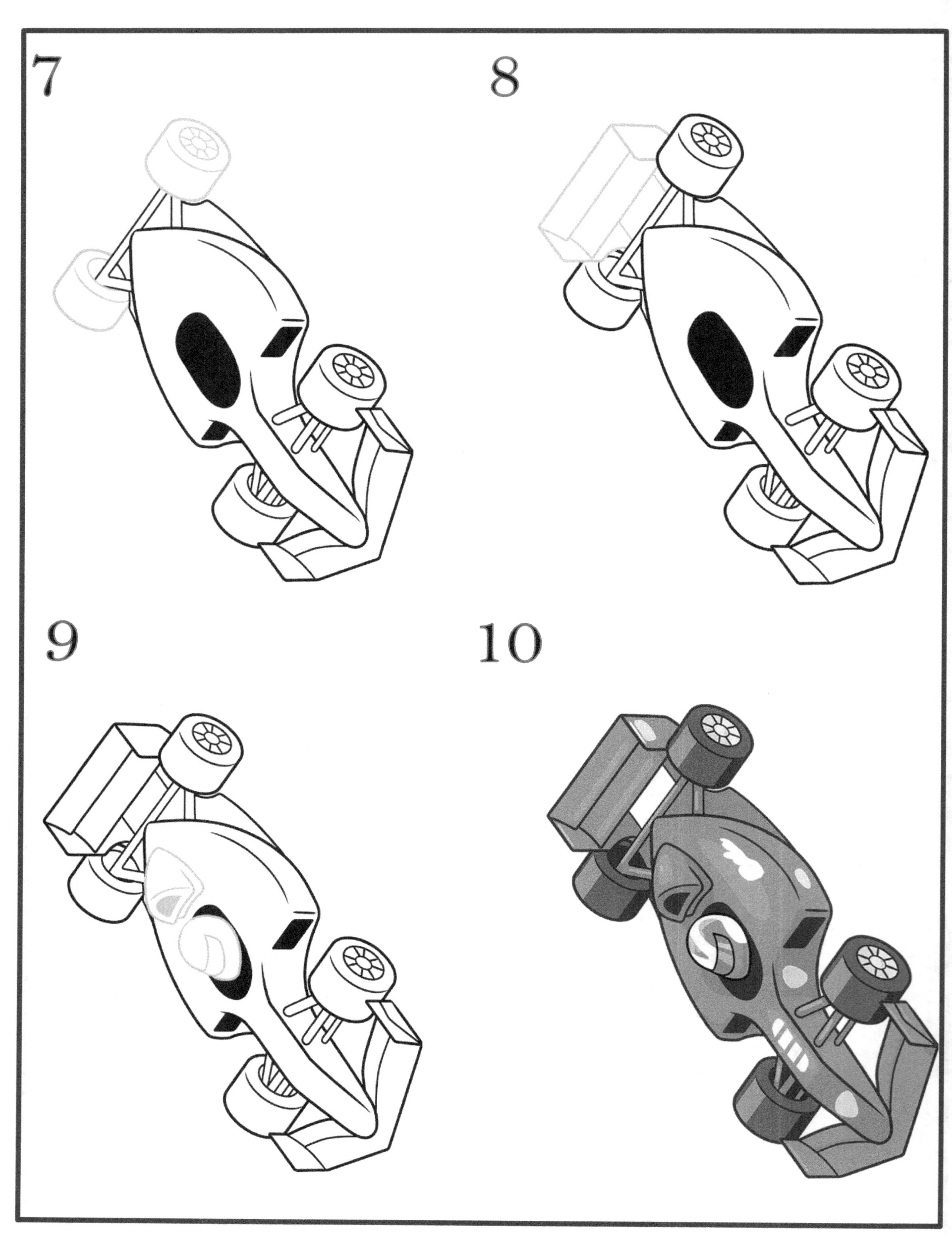

7
8
9
10

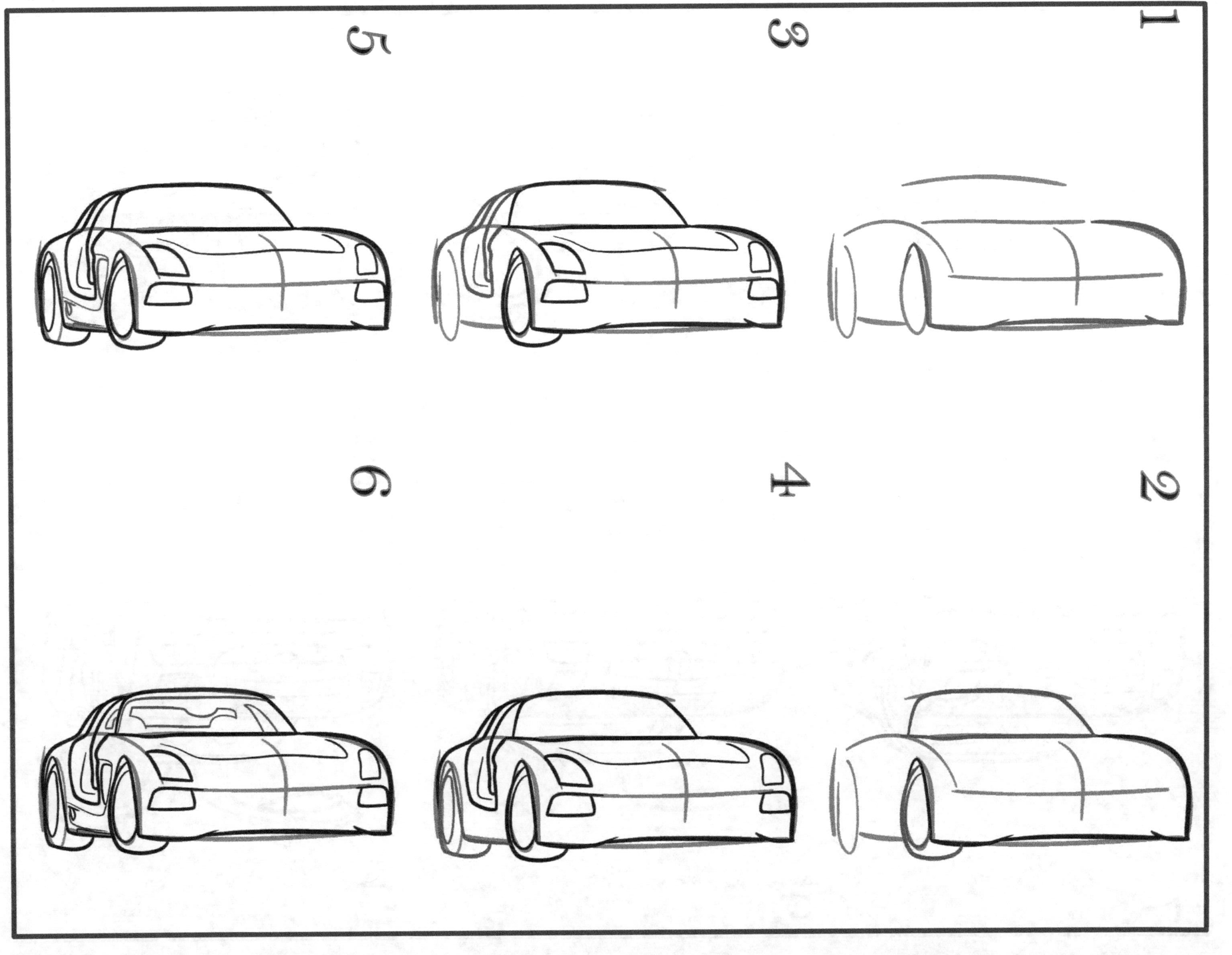

1
2
3
4
5
6

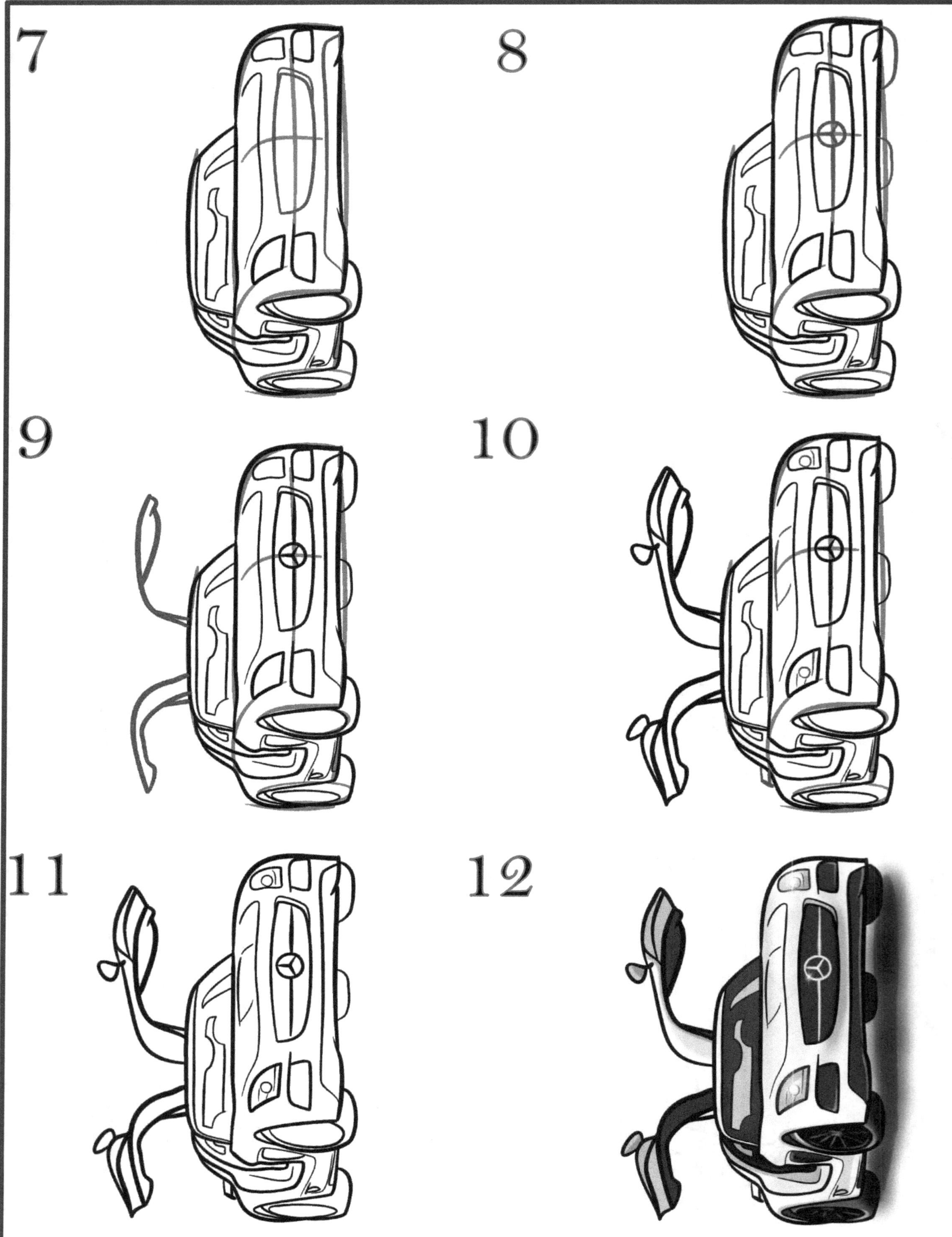

7
8
9
10
11
12

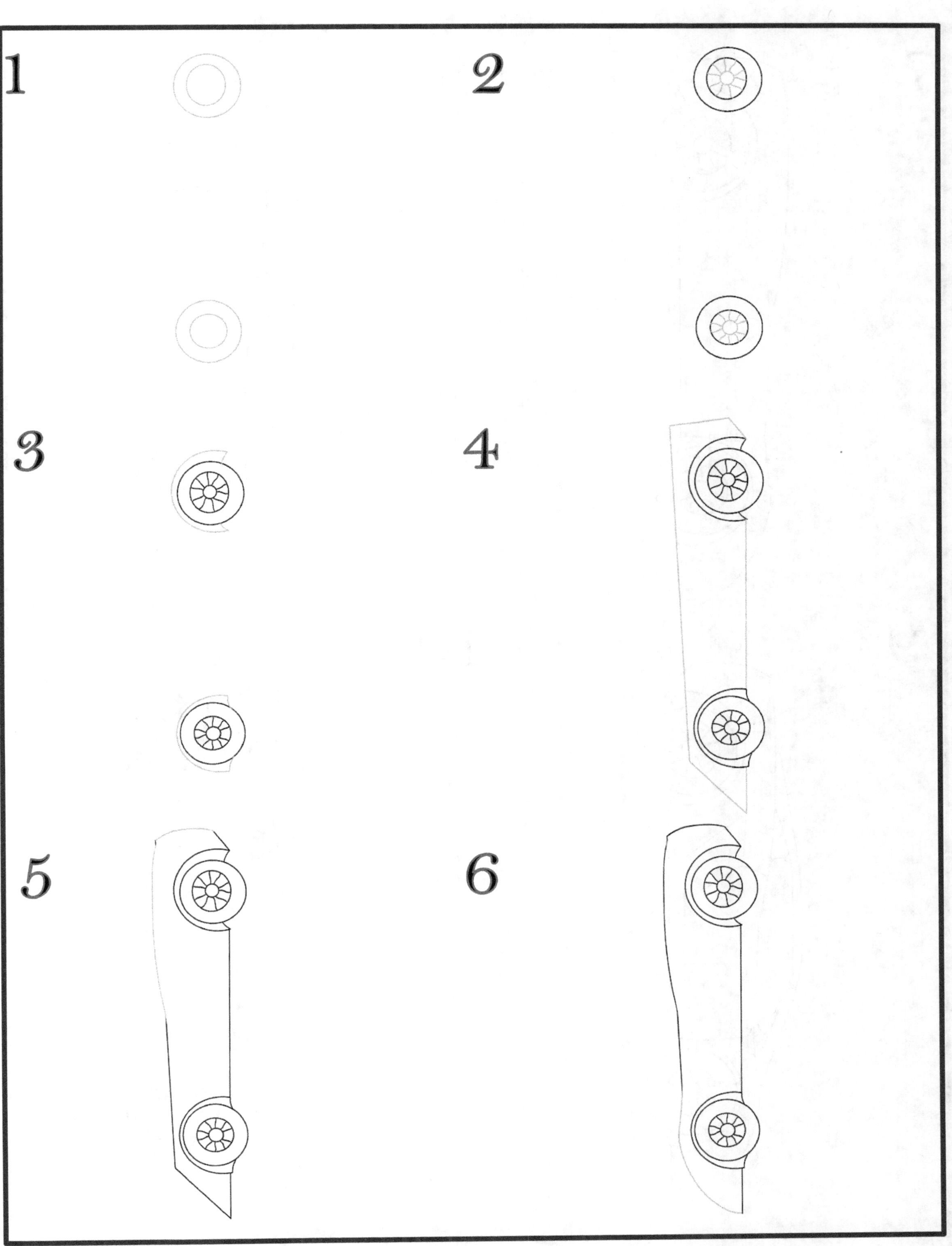

7

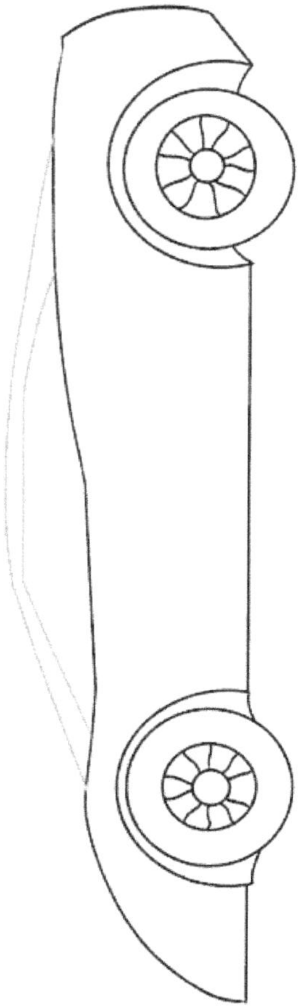

8

9

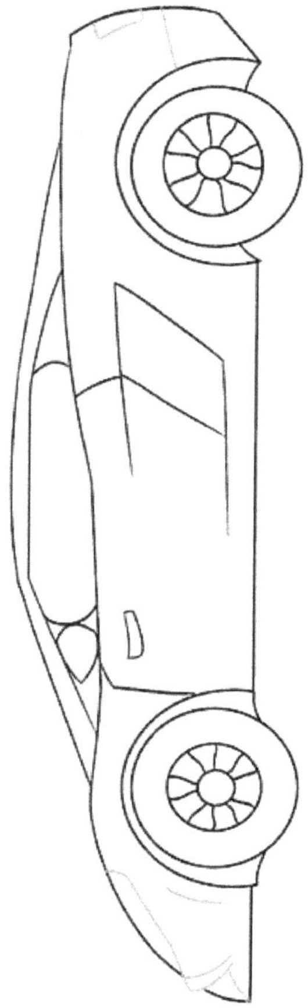

10

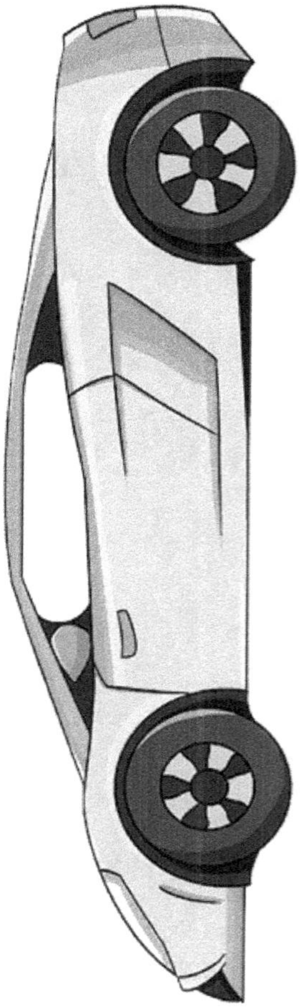

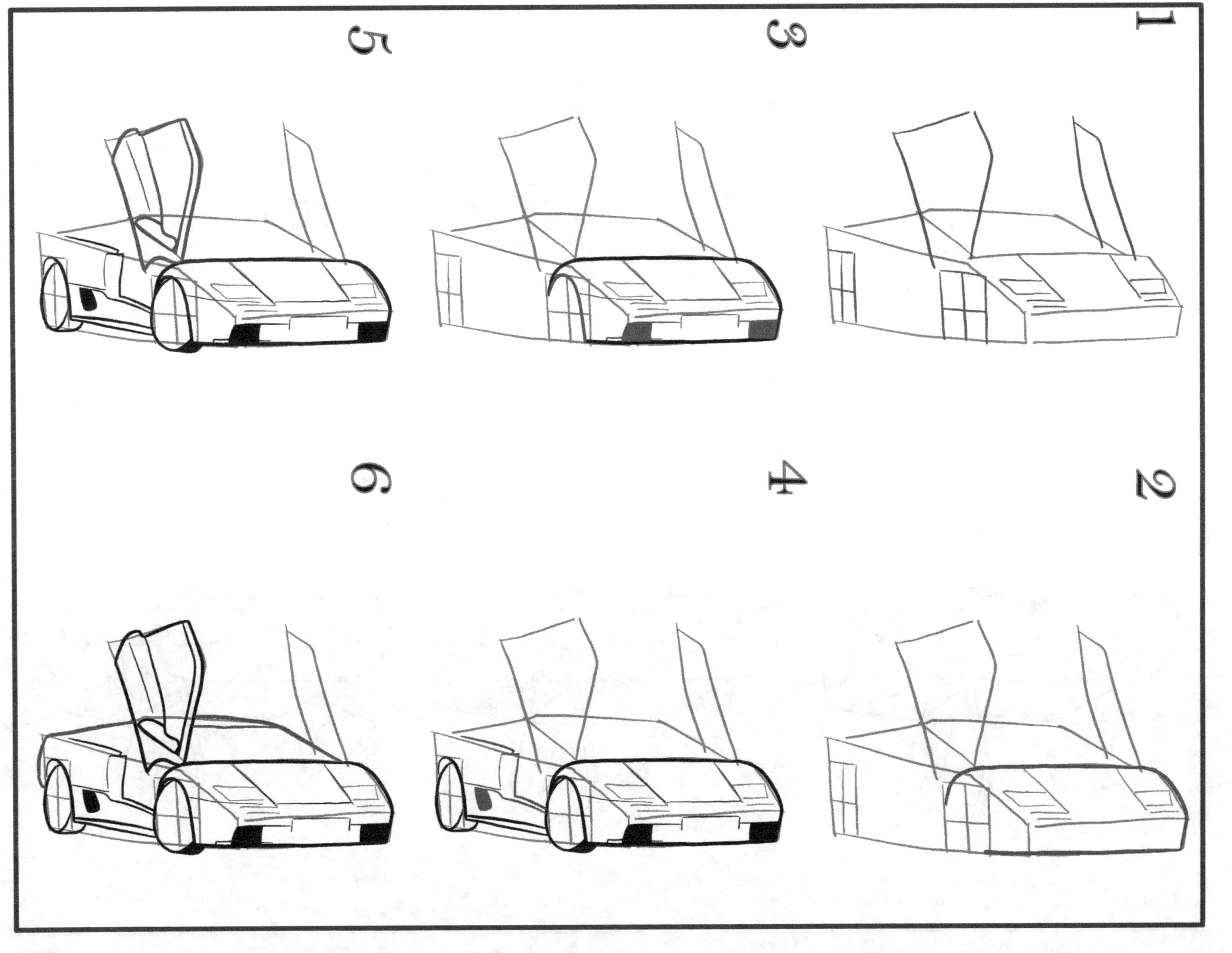

1
2
3
4
5
6

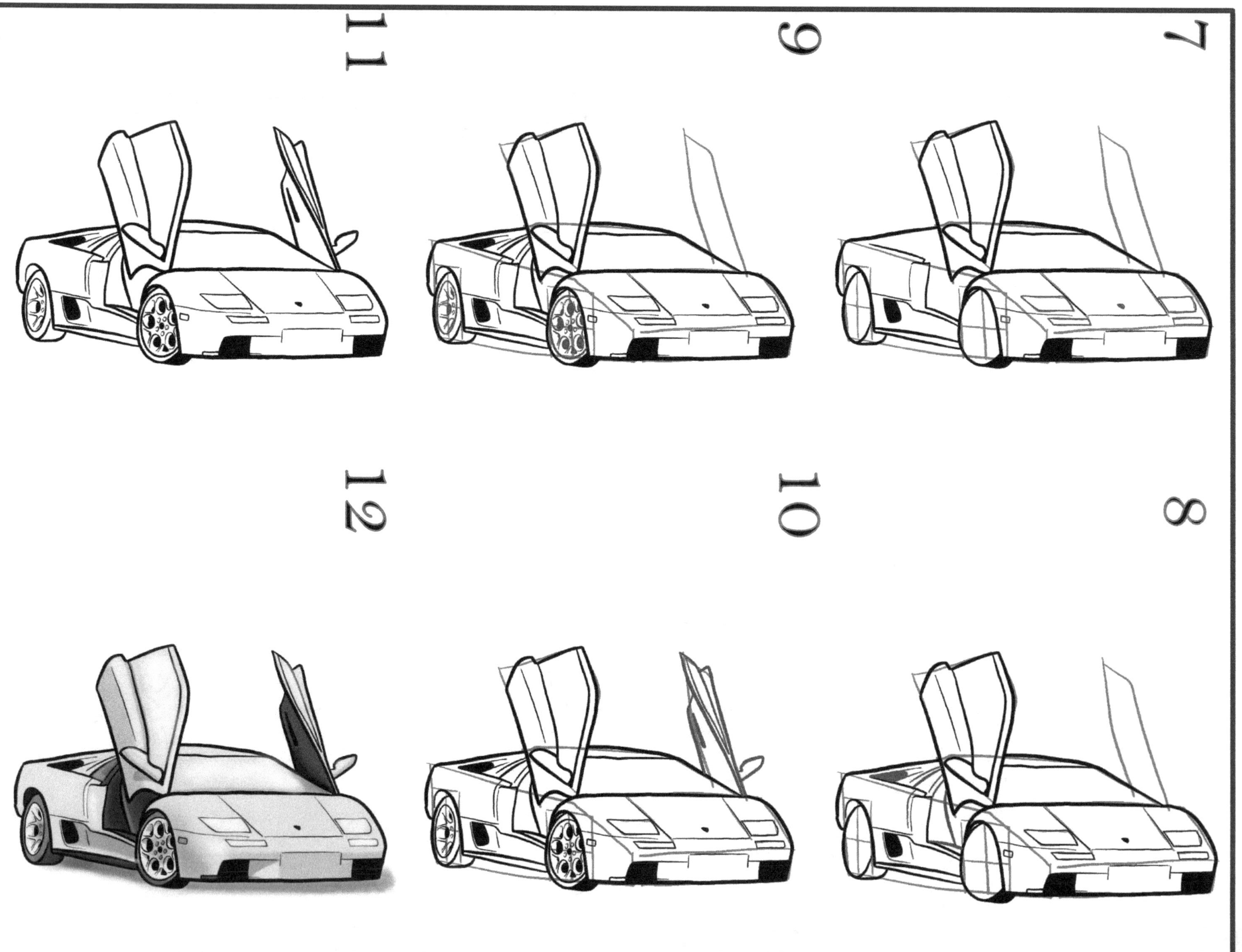

7
9
11
8
10
12

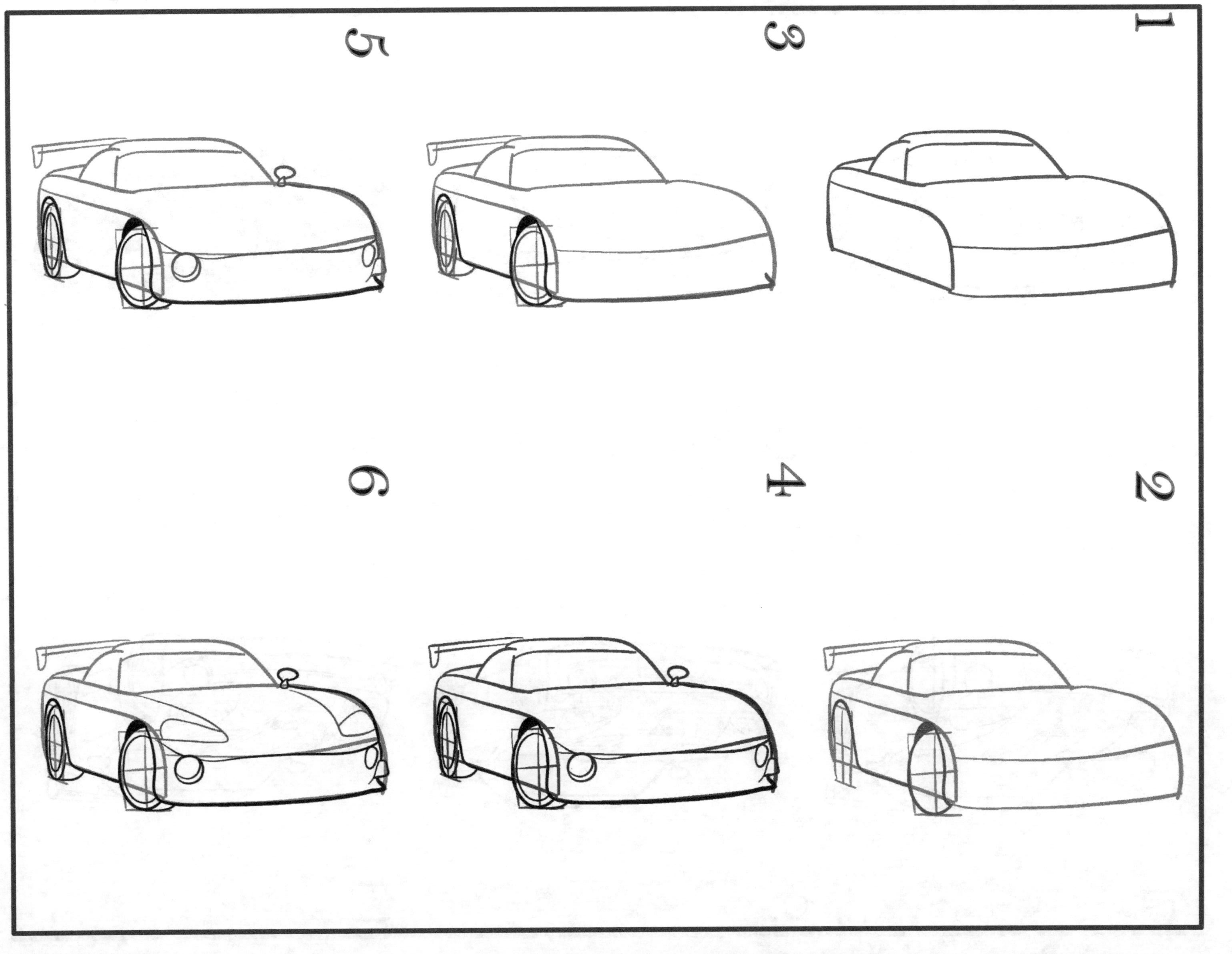

1
2
3
4
5
6

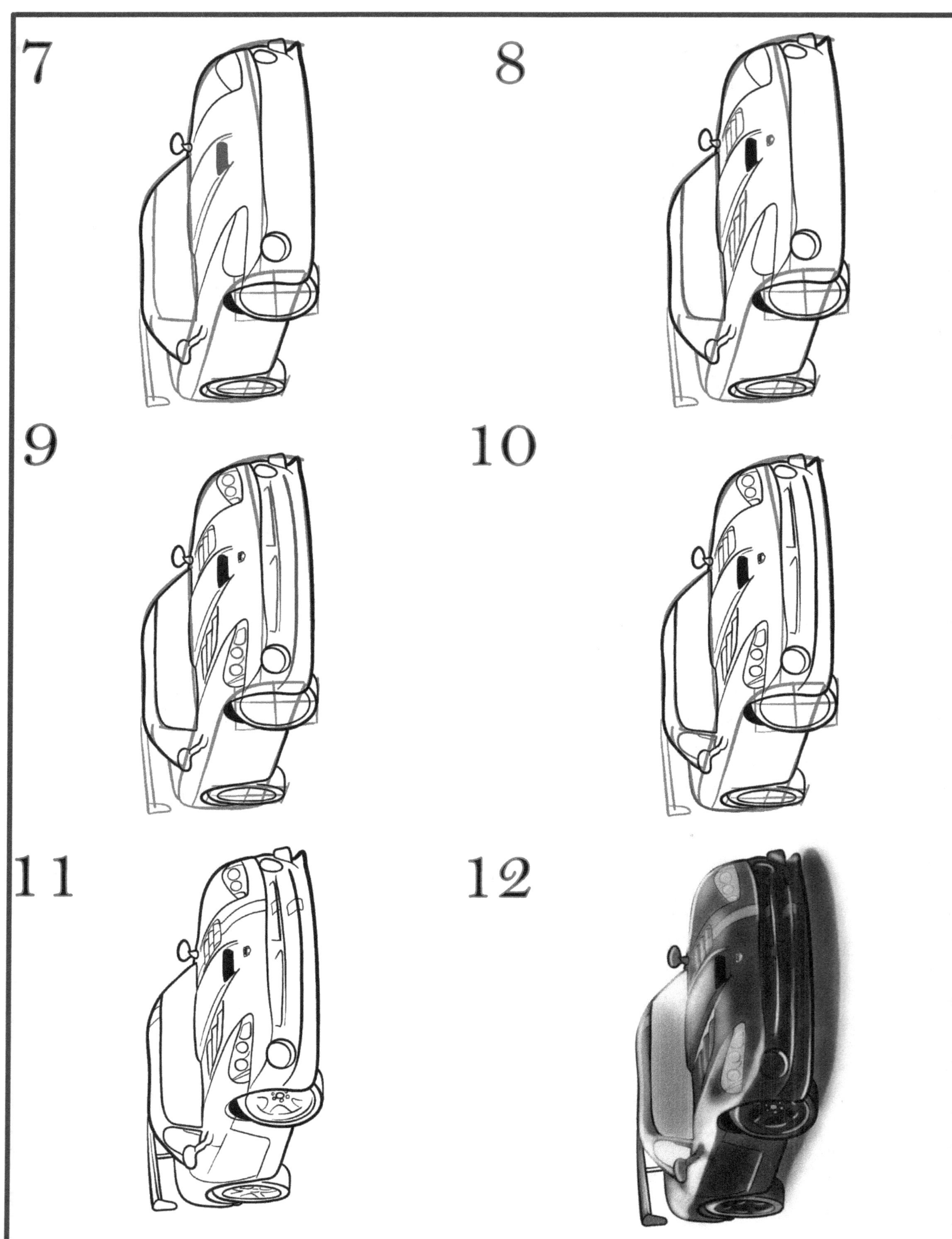

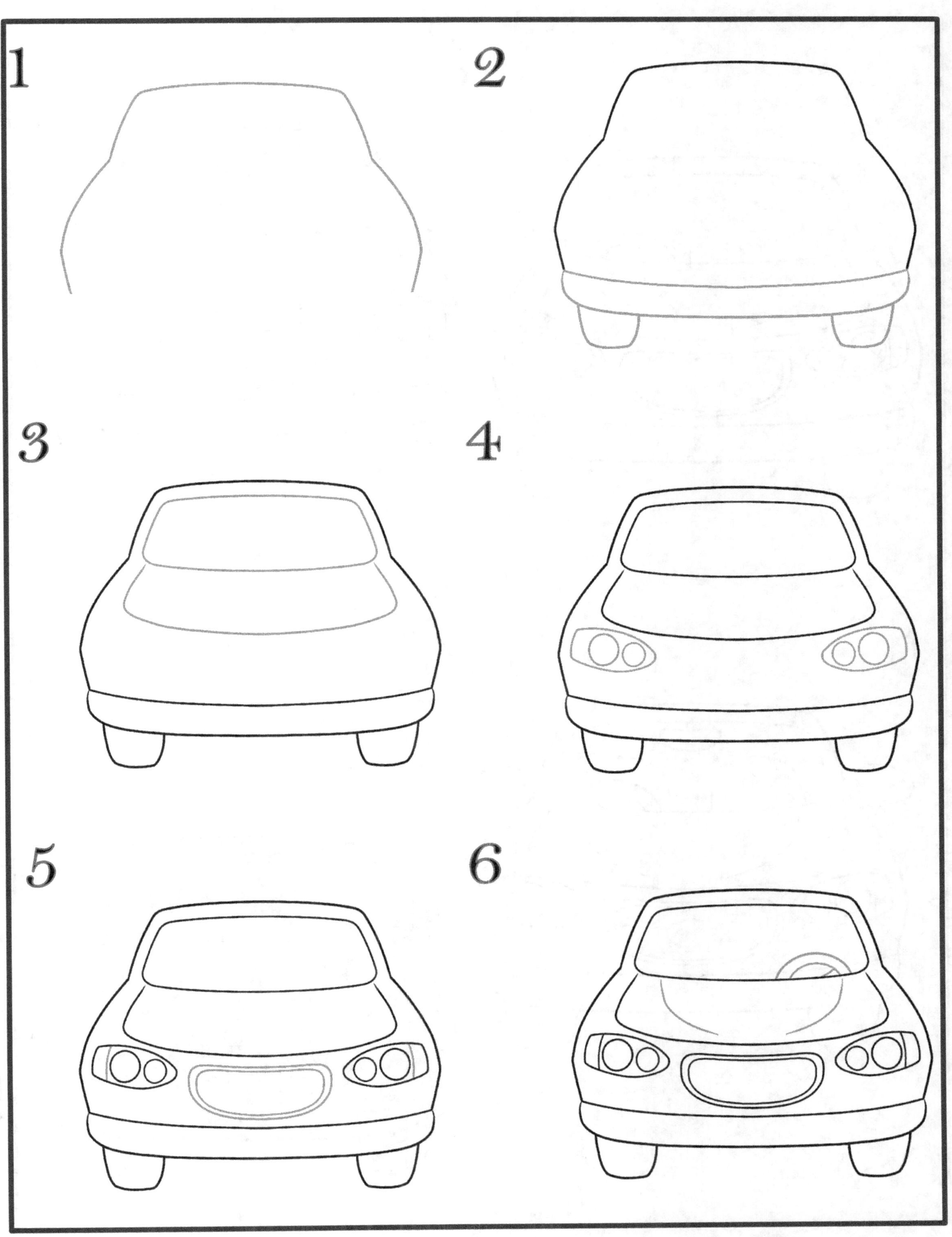

1
2
3
4
5
6

7
8
9
10

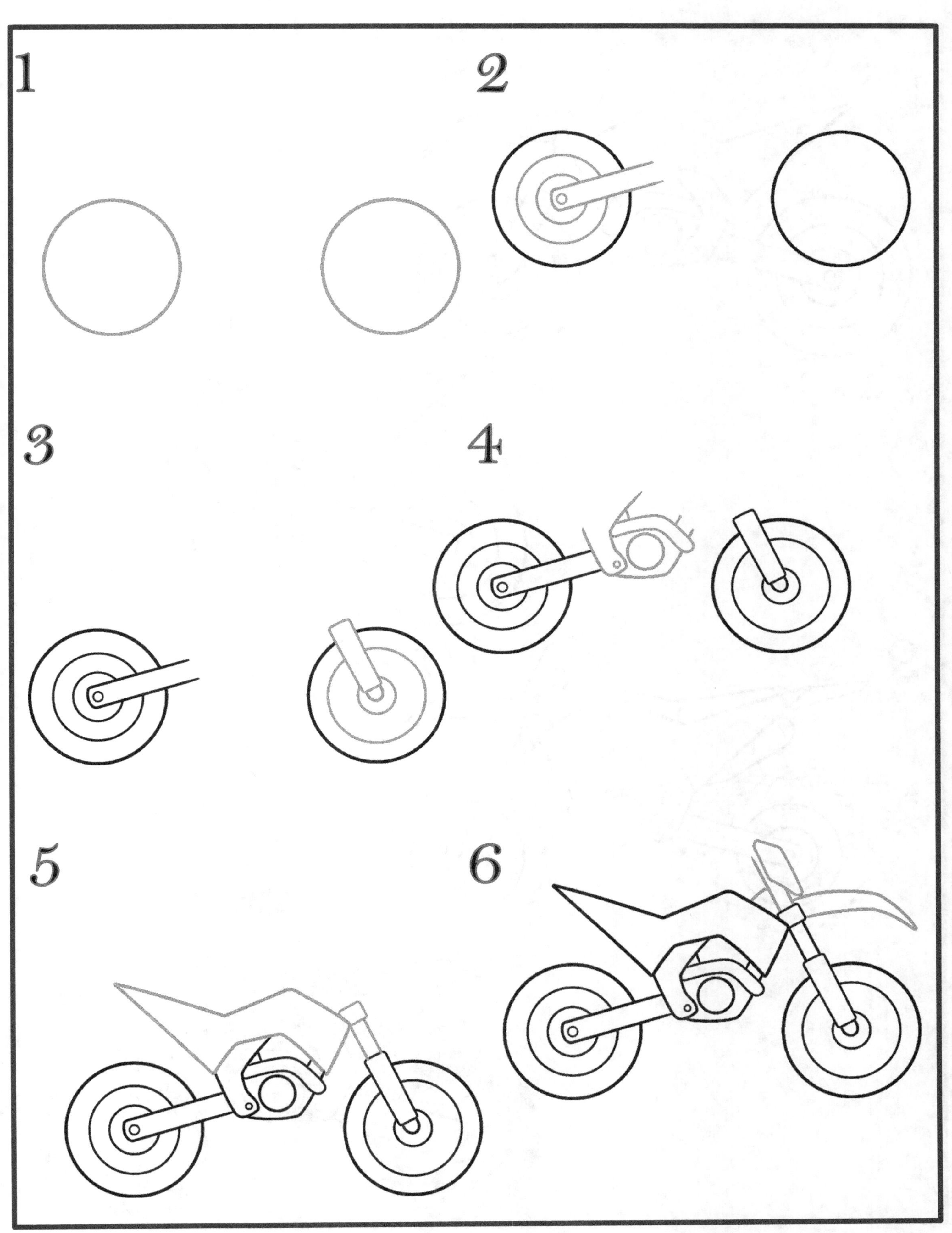
1
2
3
4
5
6

7
8
9
10

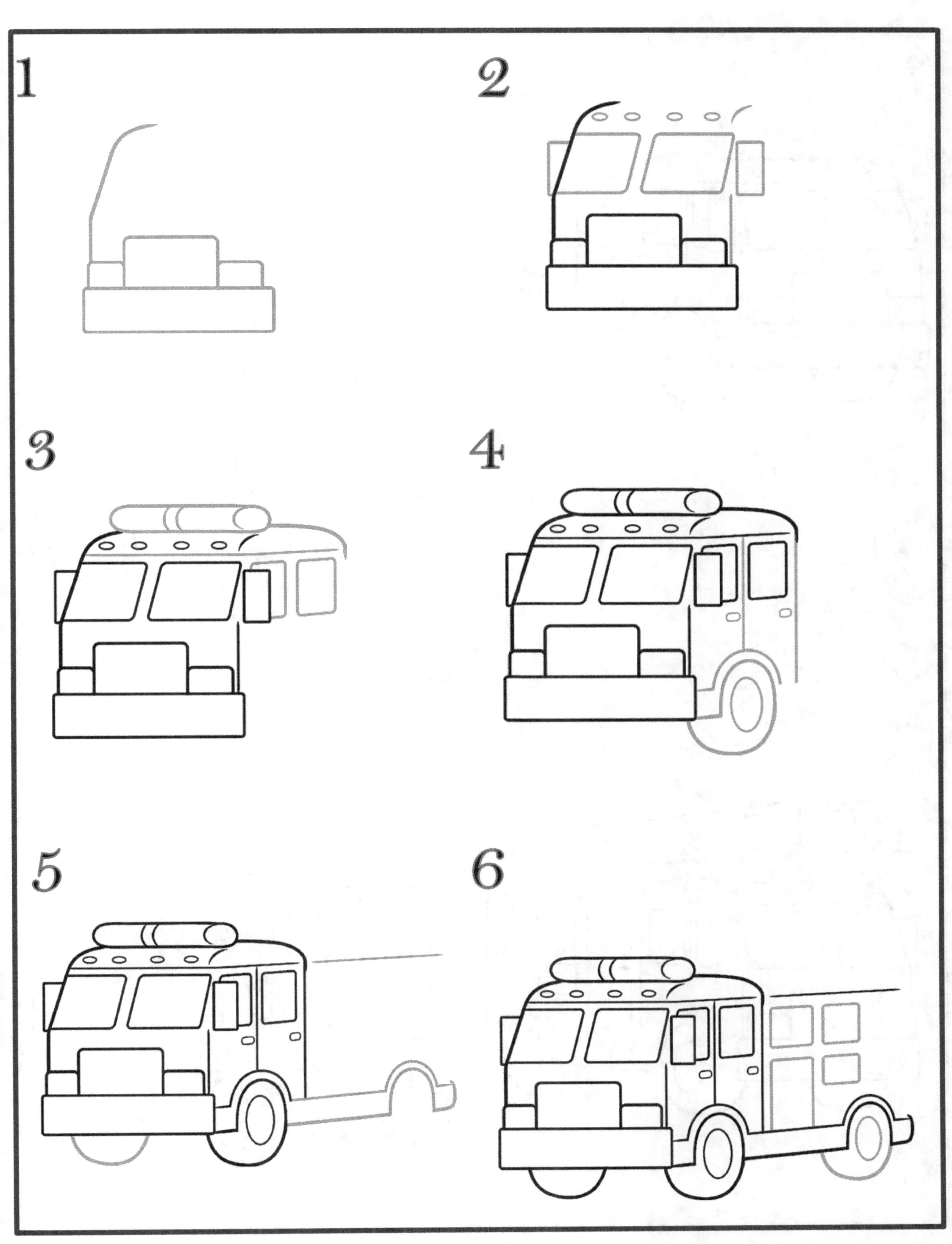

1
2
3
4
5
6

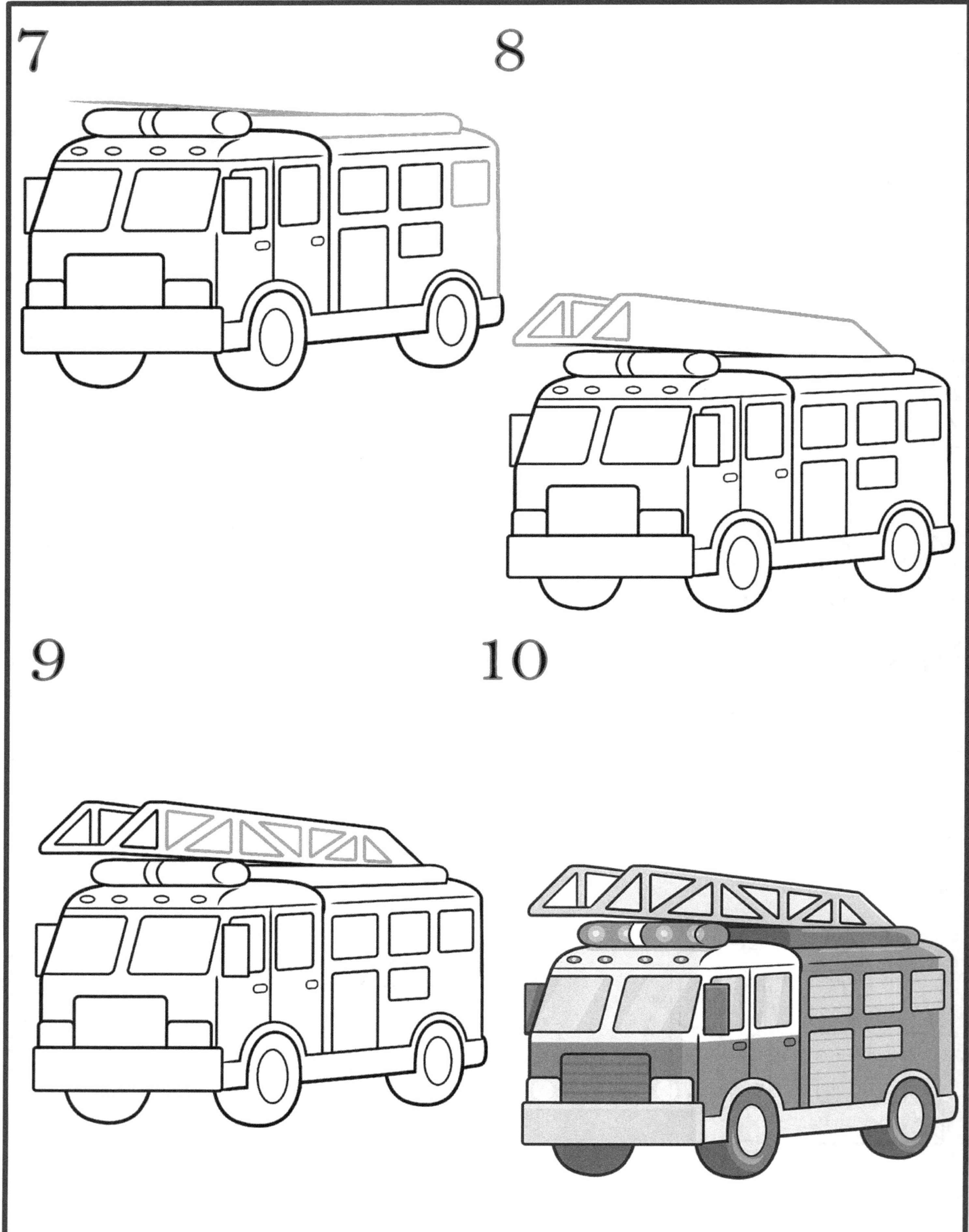

7
8
9
10

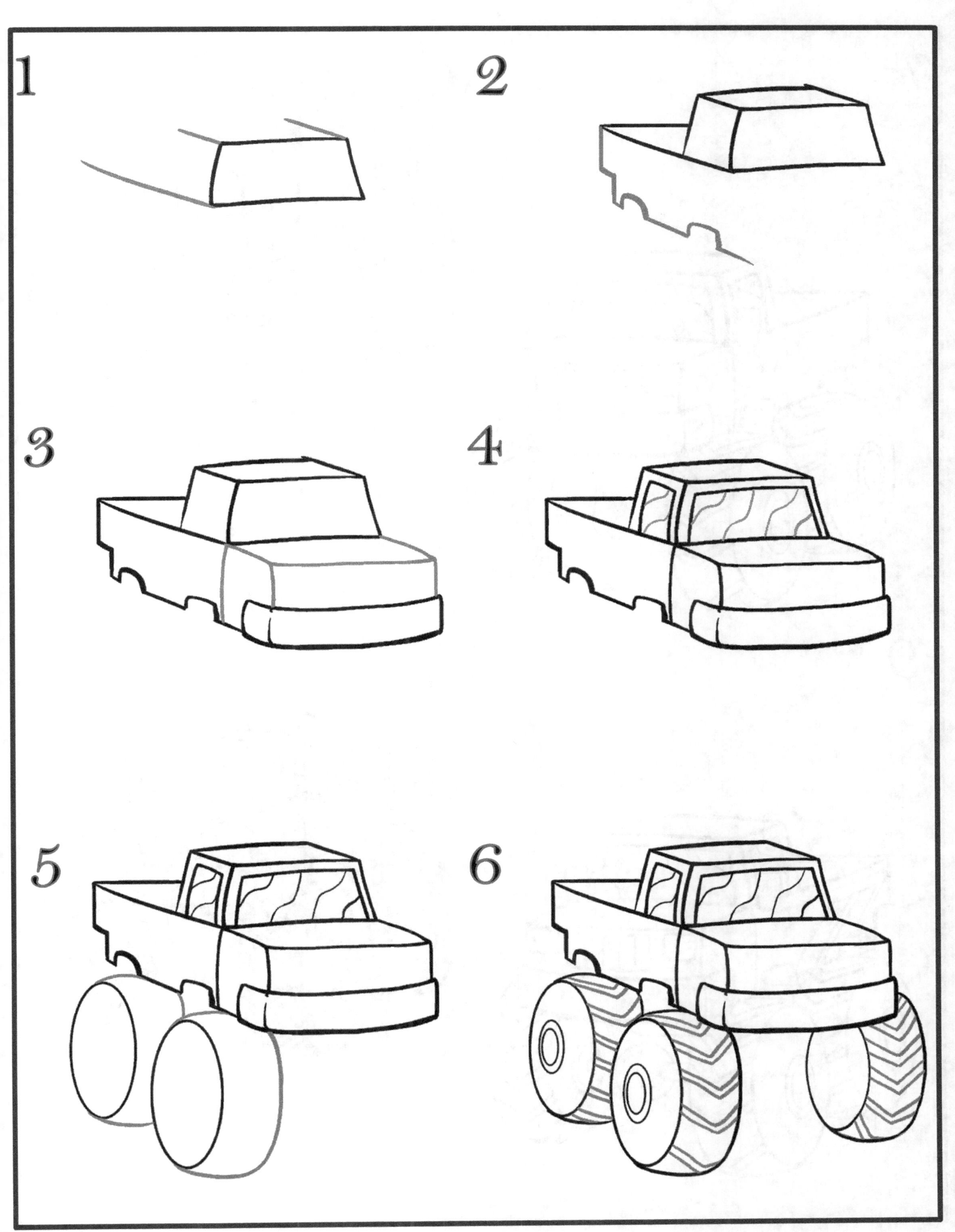

1
2
3
4
5
6

7
8
9
10

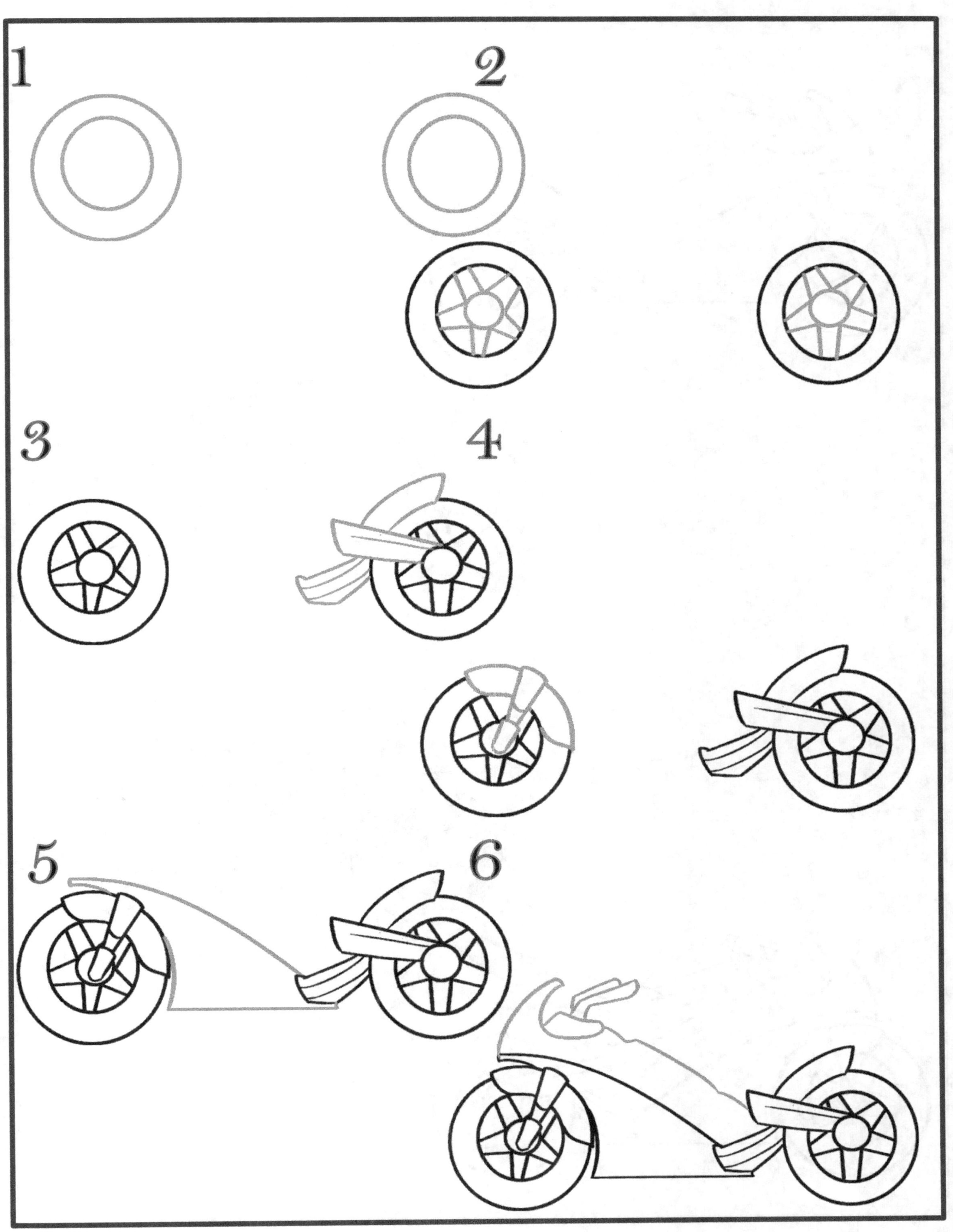
1
2
3
4
5
6

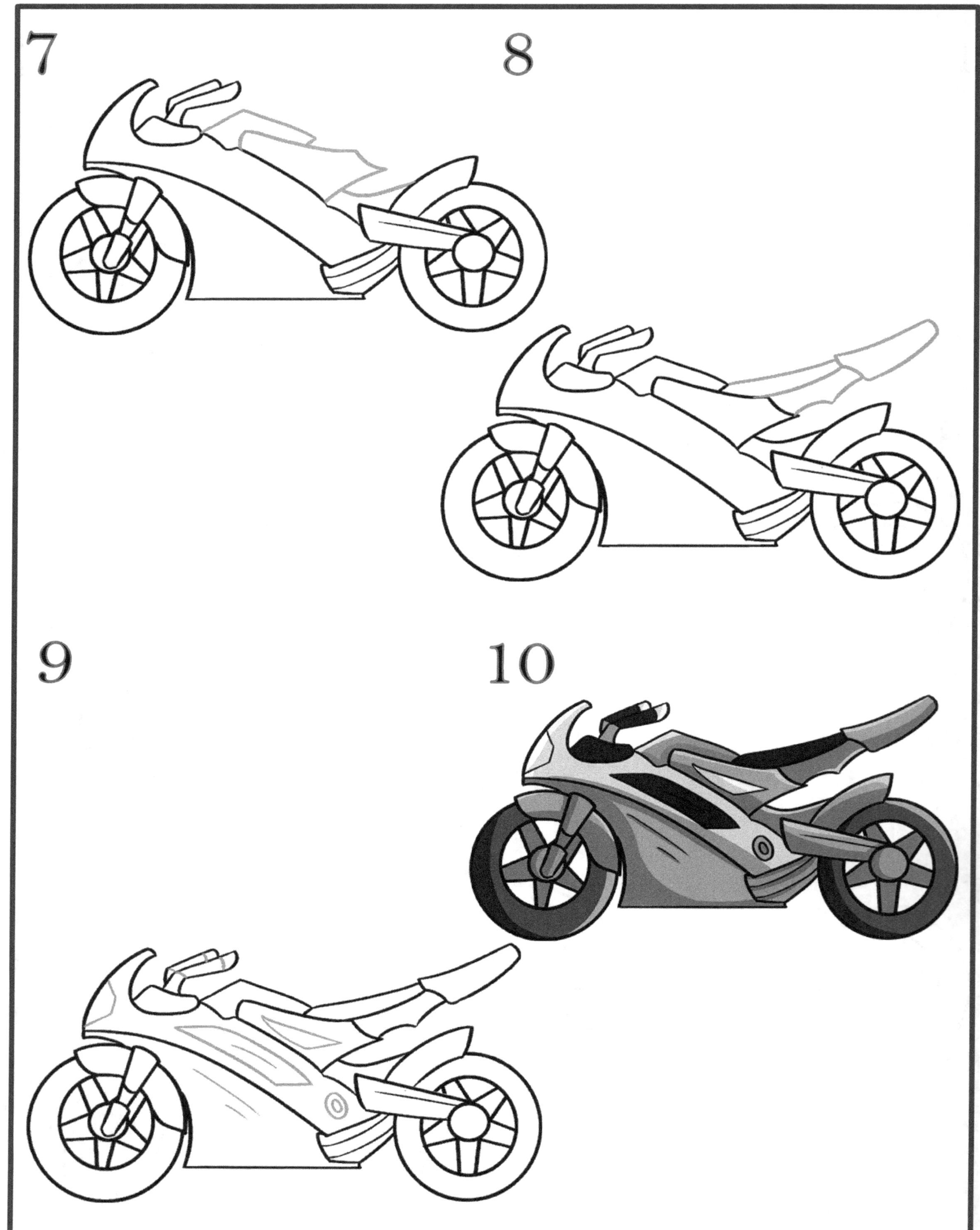

7
8
9
10

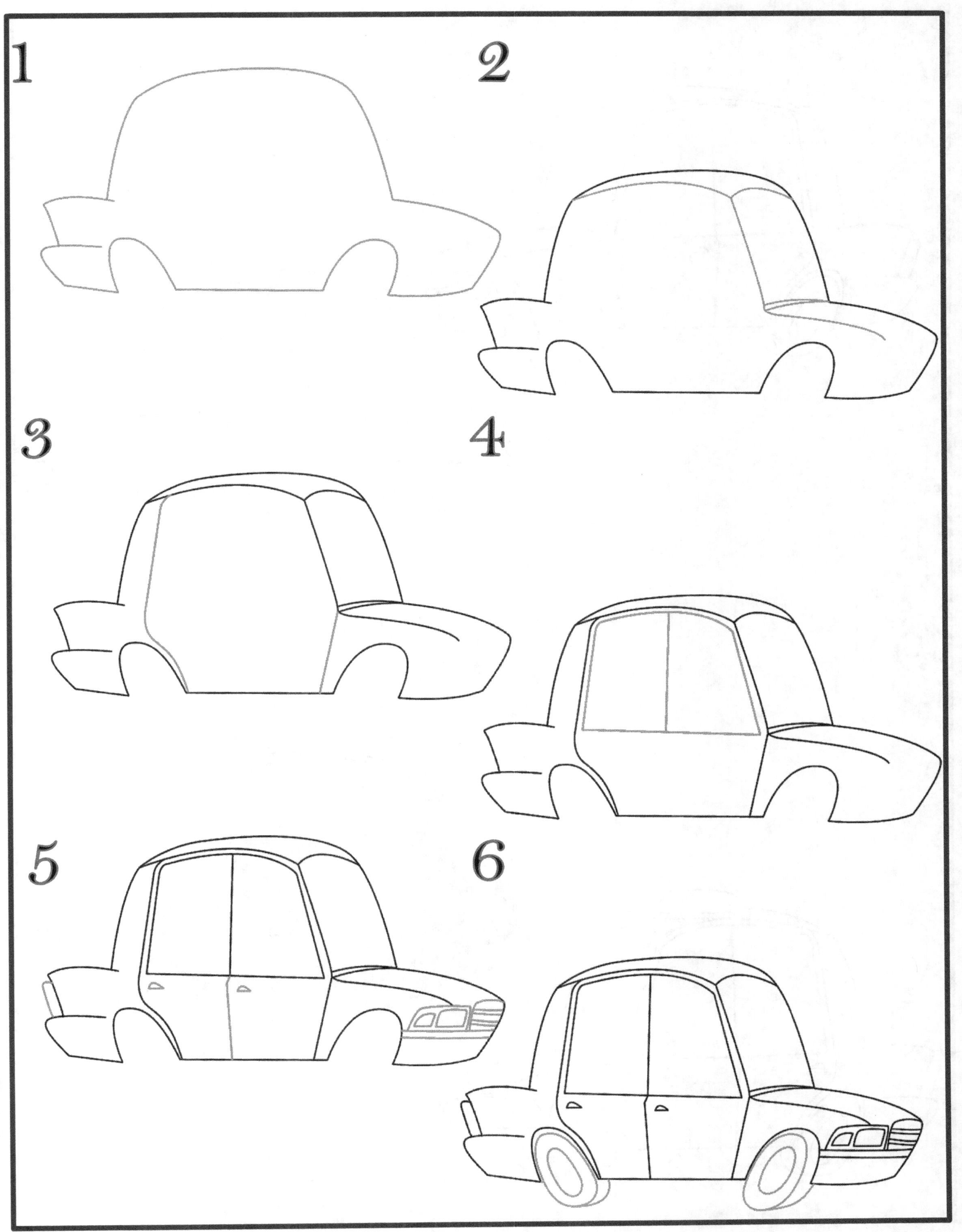

1
2
3
4
5
6

7
8
9
10
POLICE
POLICE

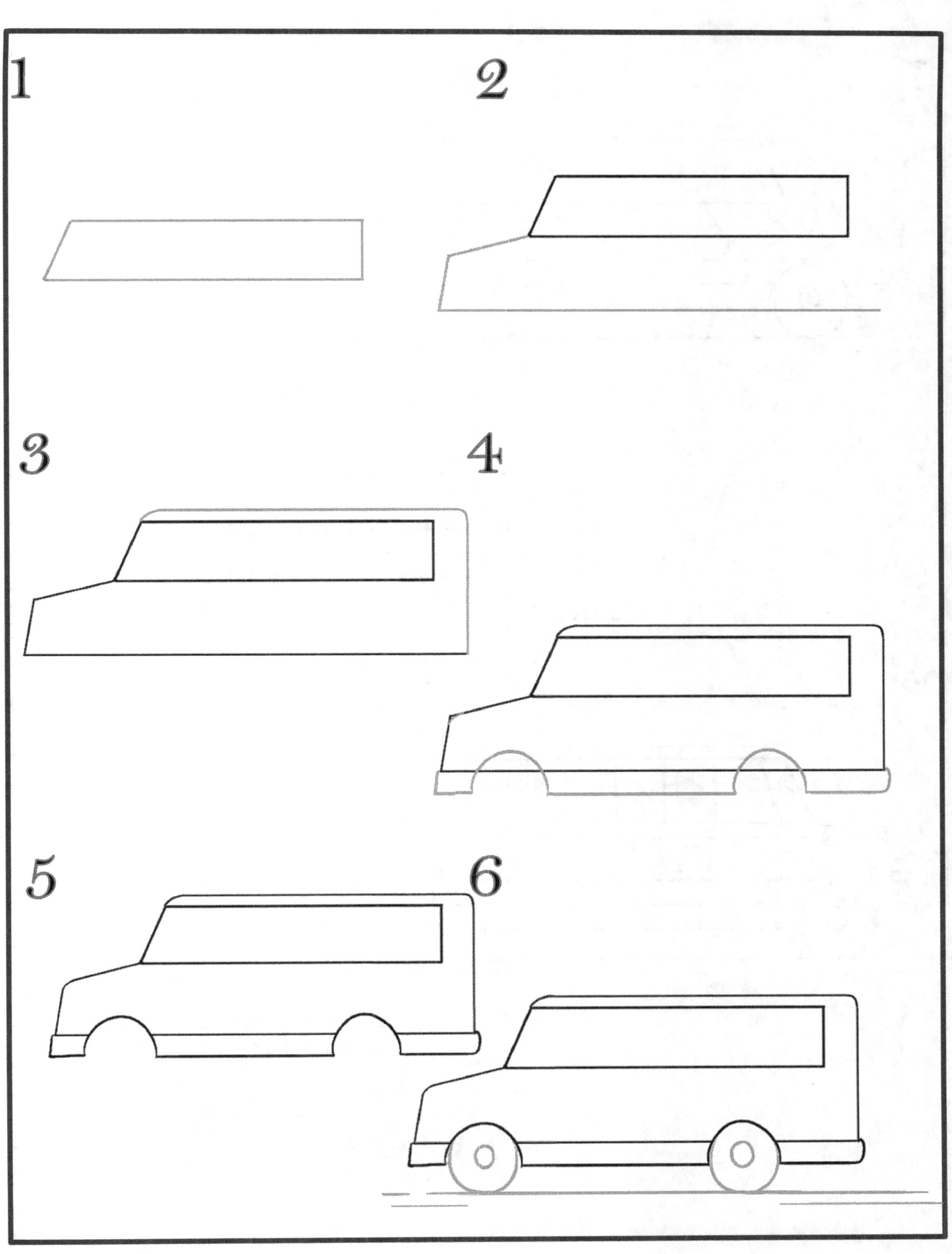

1
2
3
4
5
6

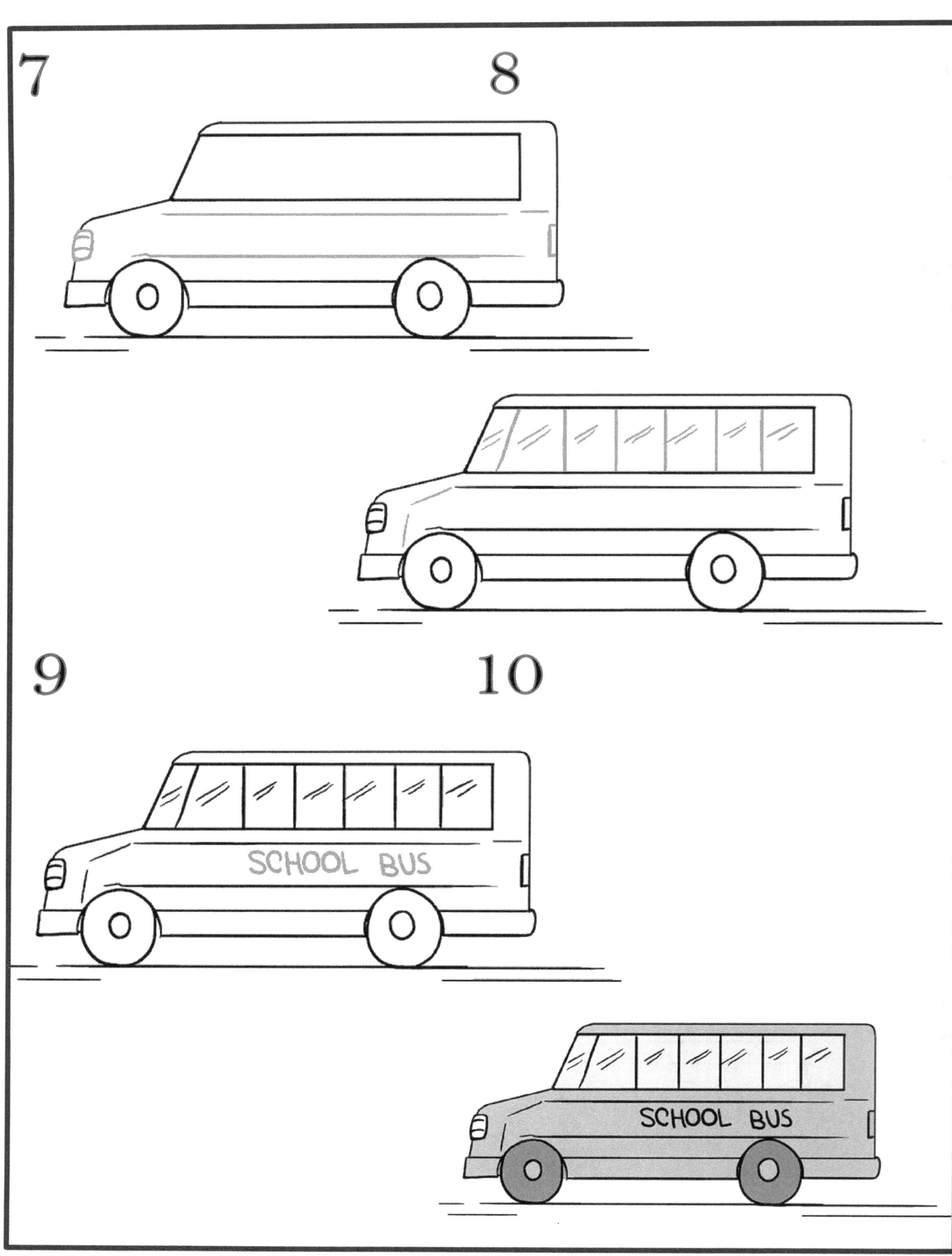

7
8
9
10
SCHOOL BUS
SCHOOL BUS

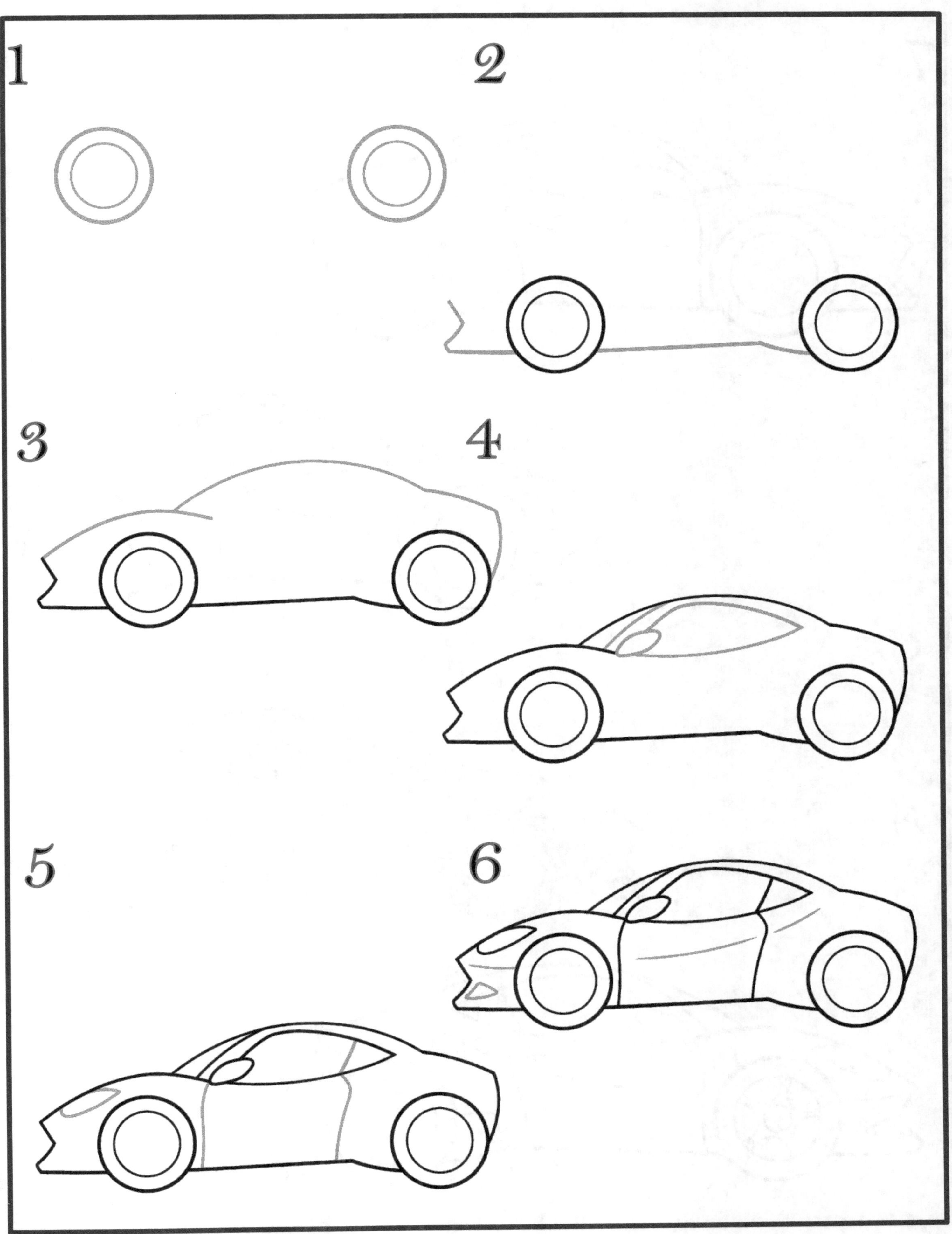

1
2
3
4
5
6

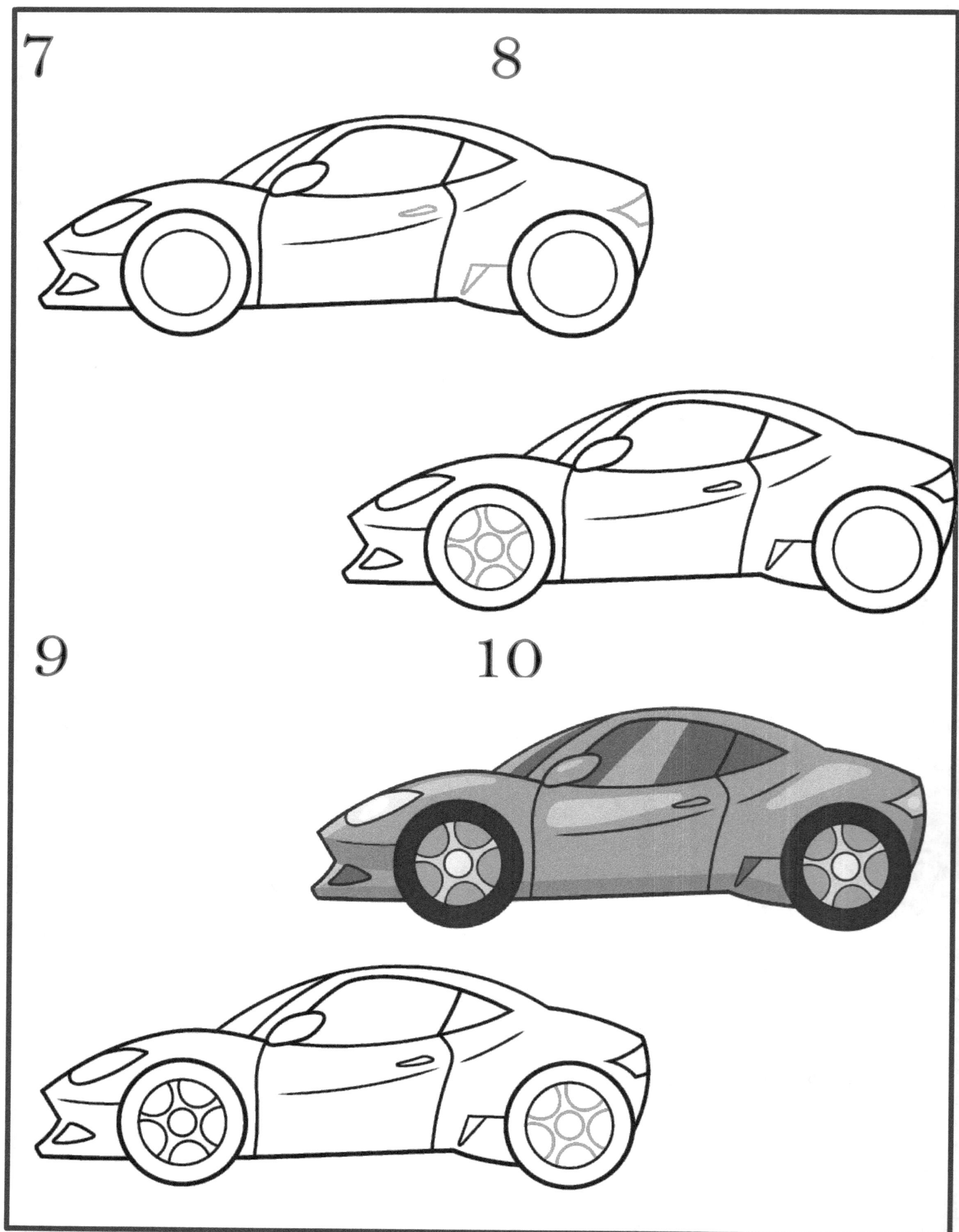
7
8
9
10

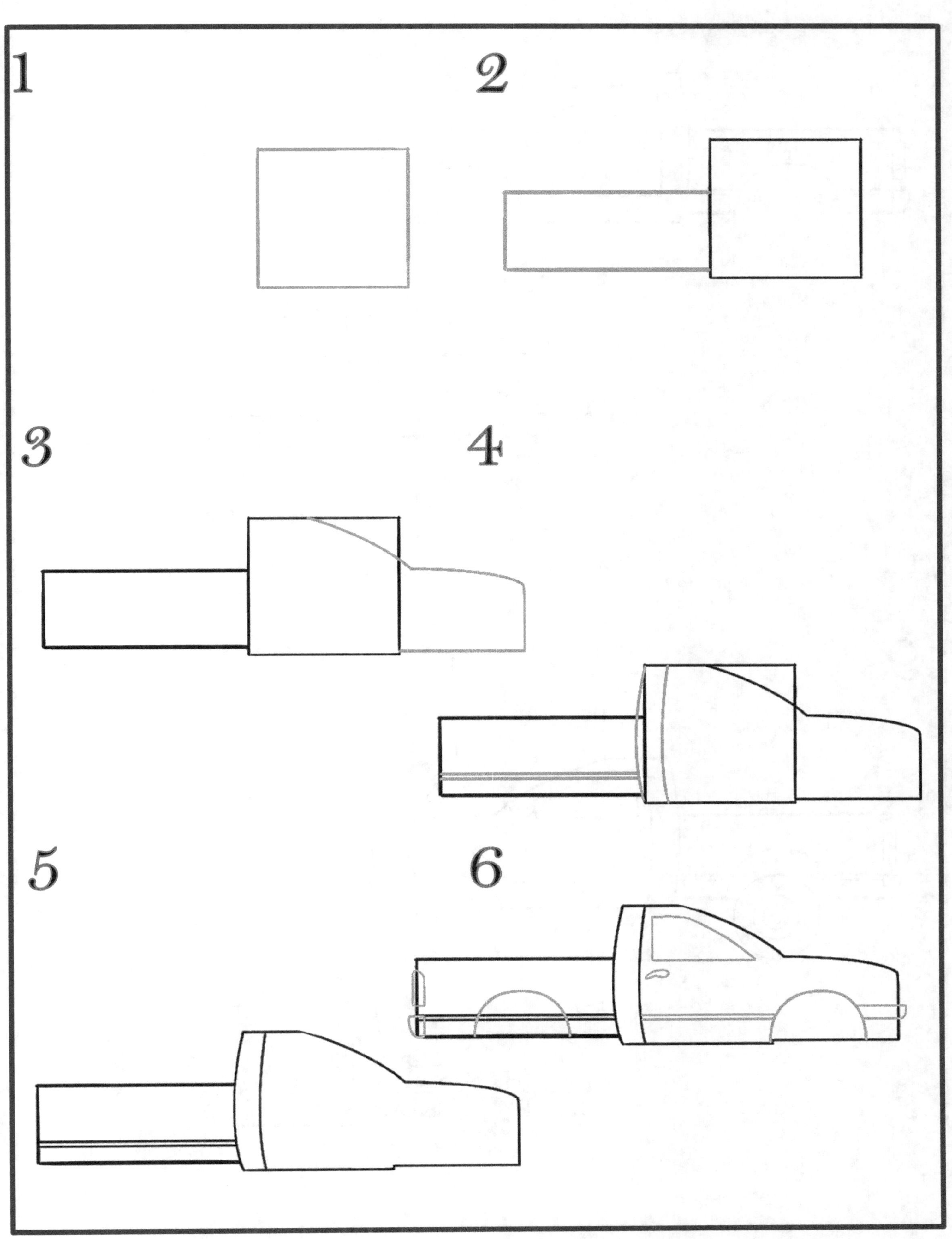

1
2
3
4
5
6

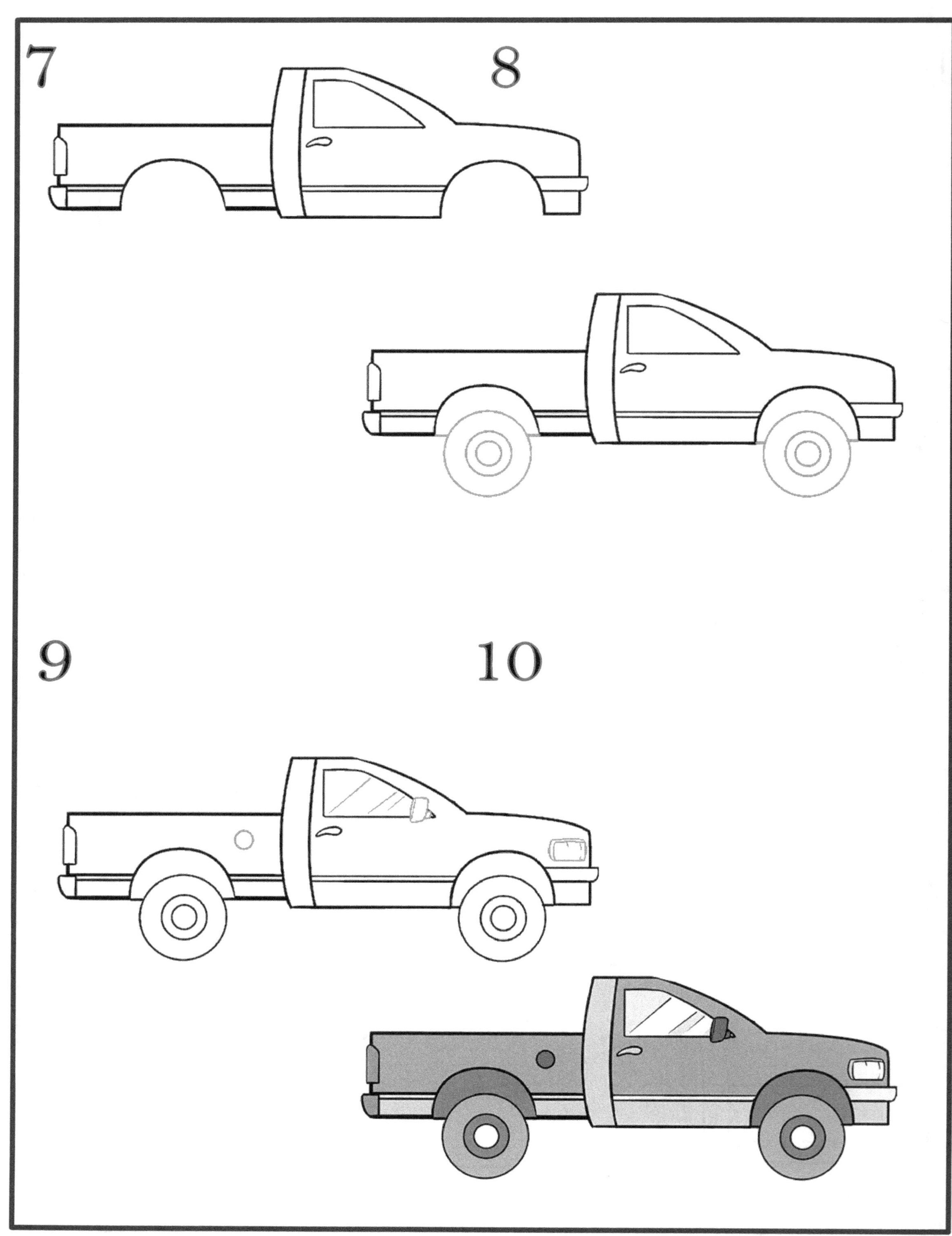
7
8
9
10

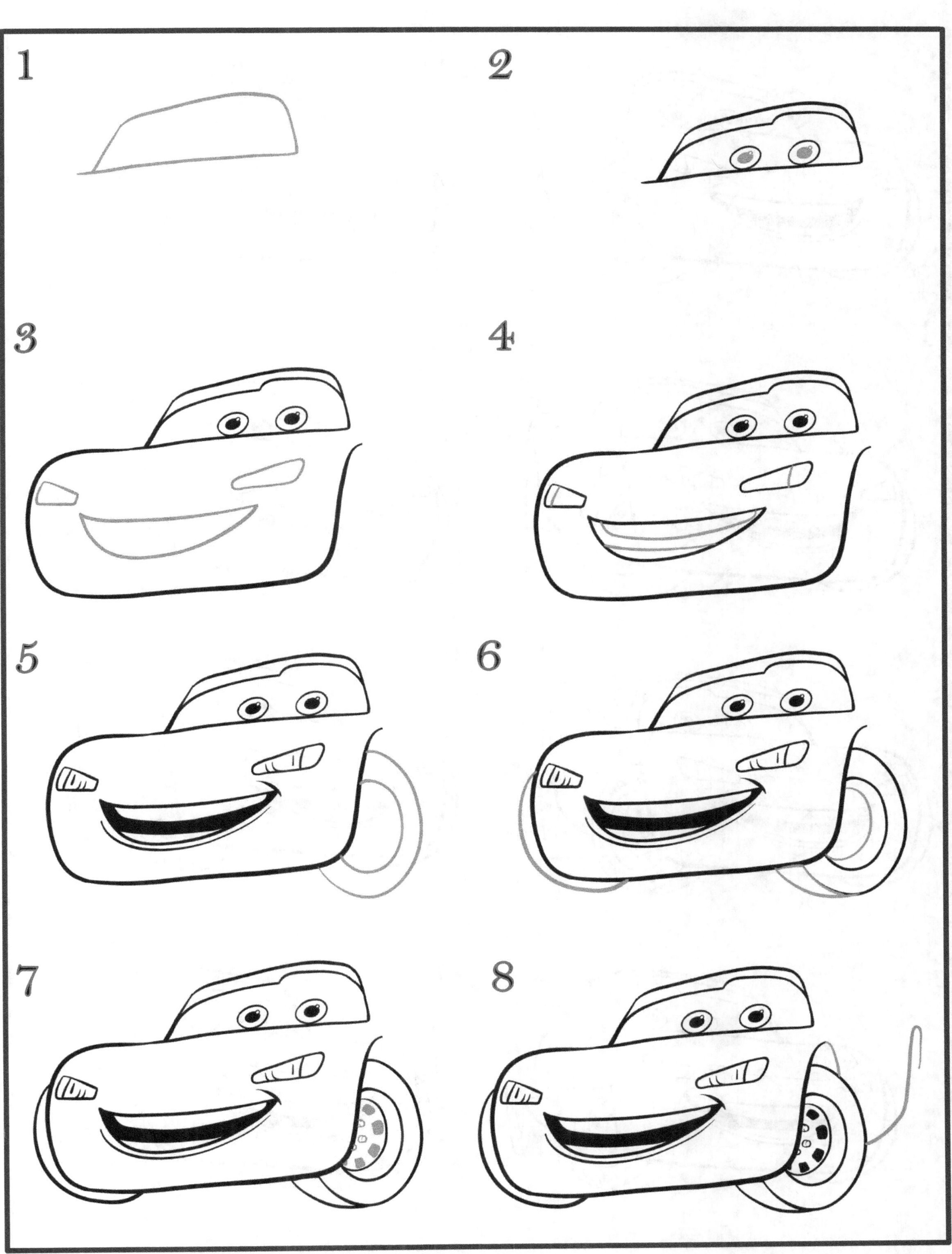

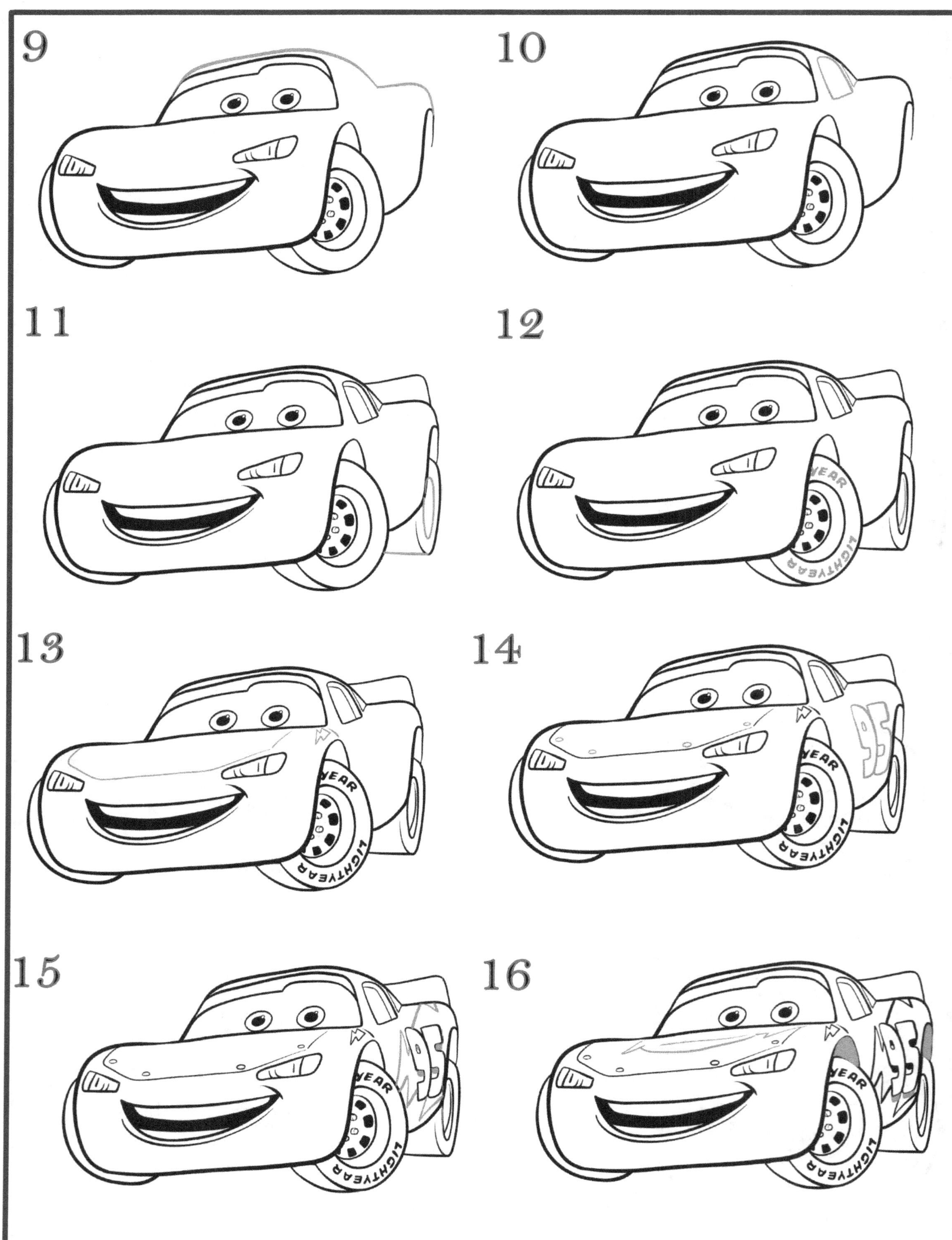
9
10
11
12
13
14
15
16
LIGHTYEAR
95

1
2
3
4
5
6
7
8

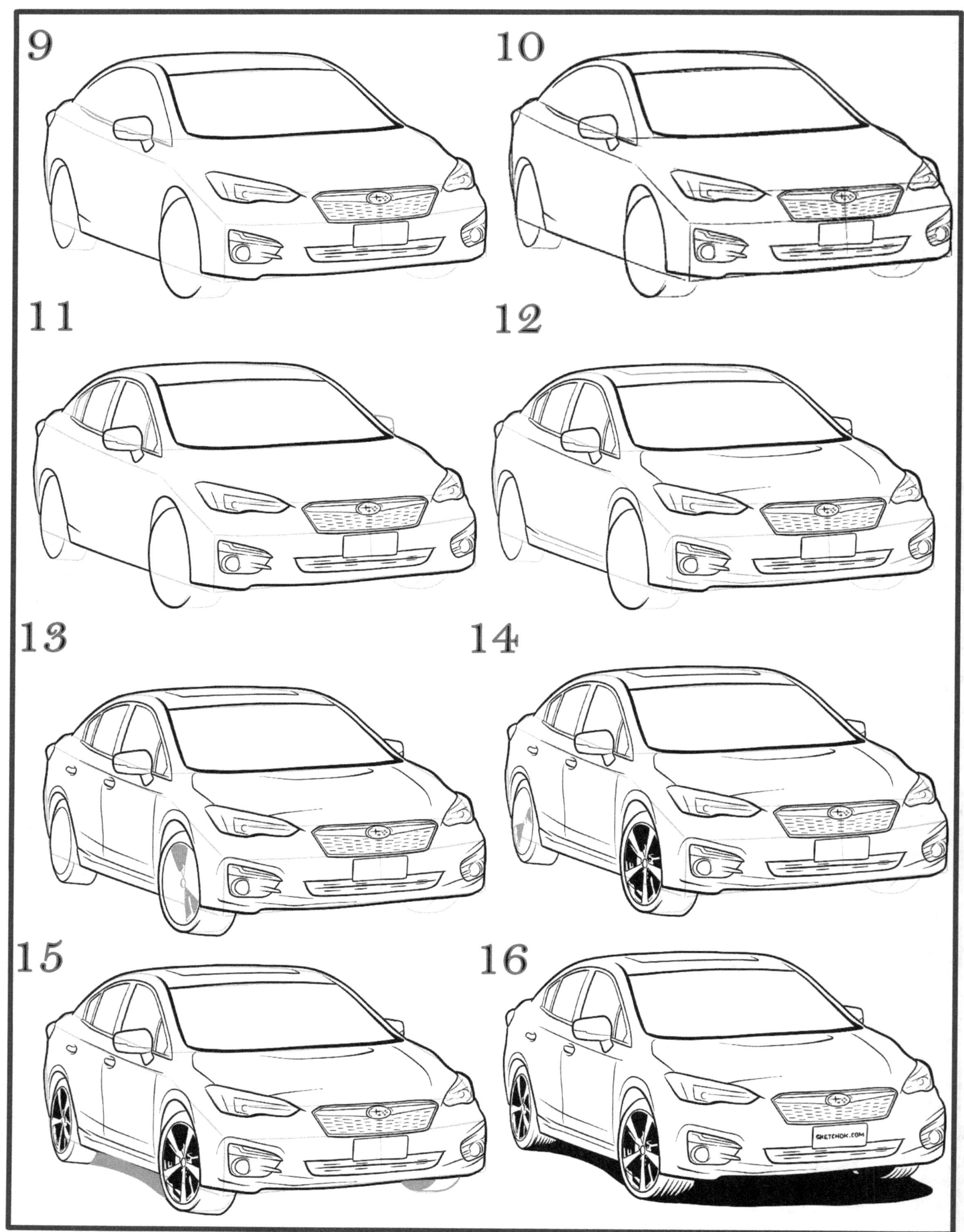

9
10
11
12
13
14
15
16
SKETCHOK.COM

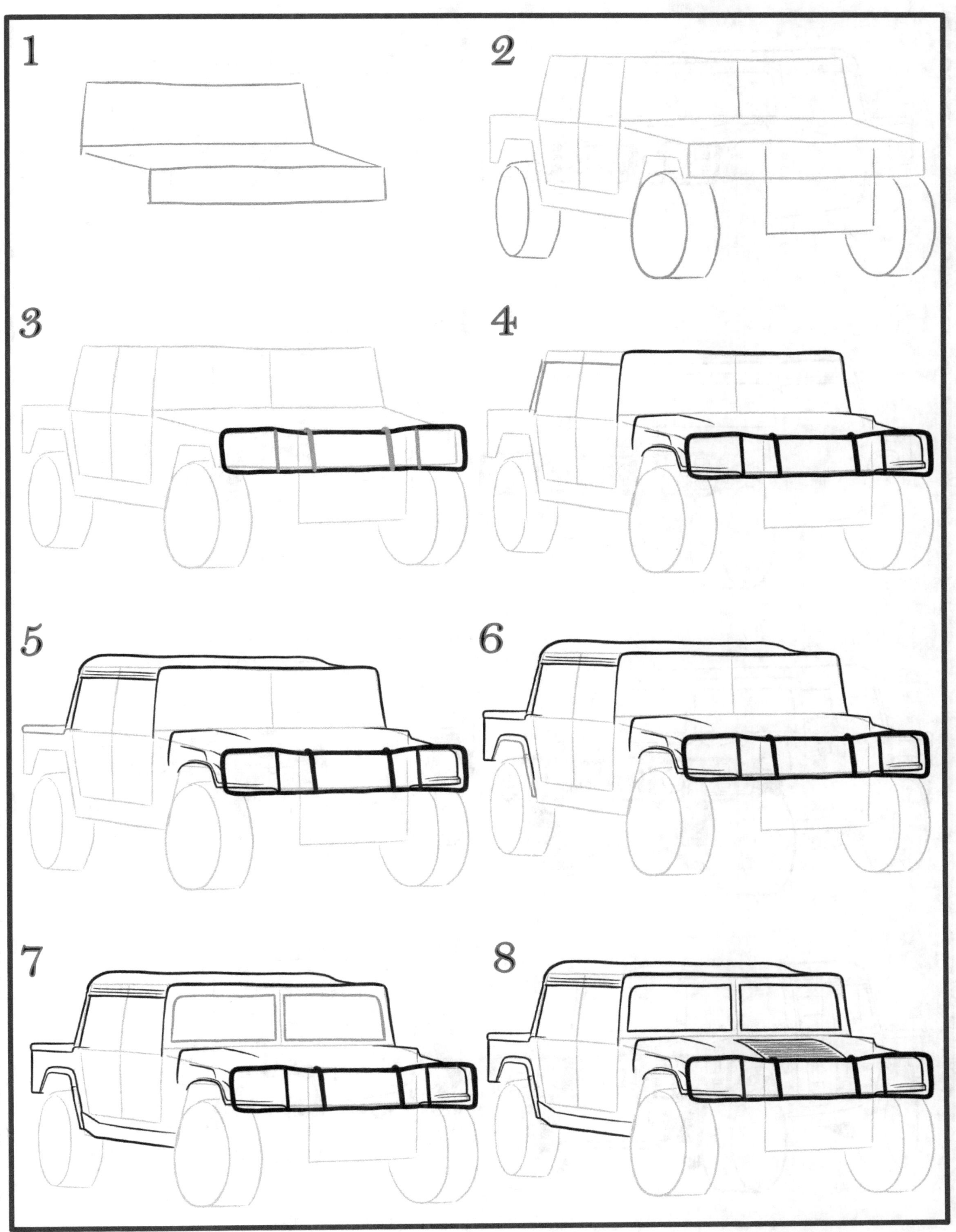

1
2
3
4
5
6
7
8

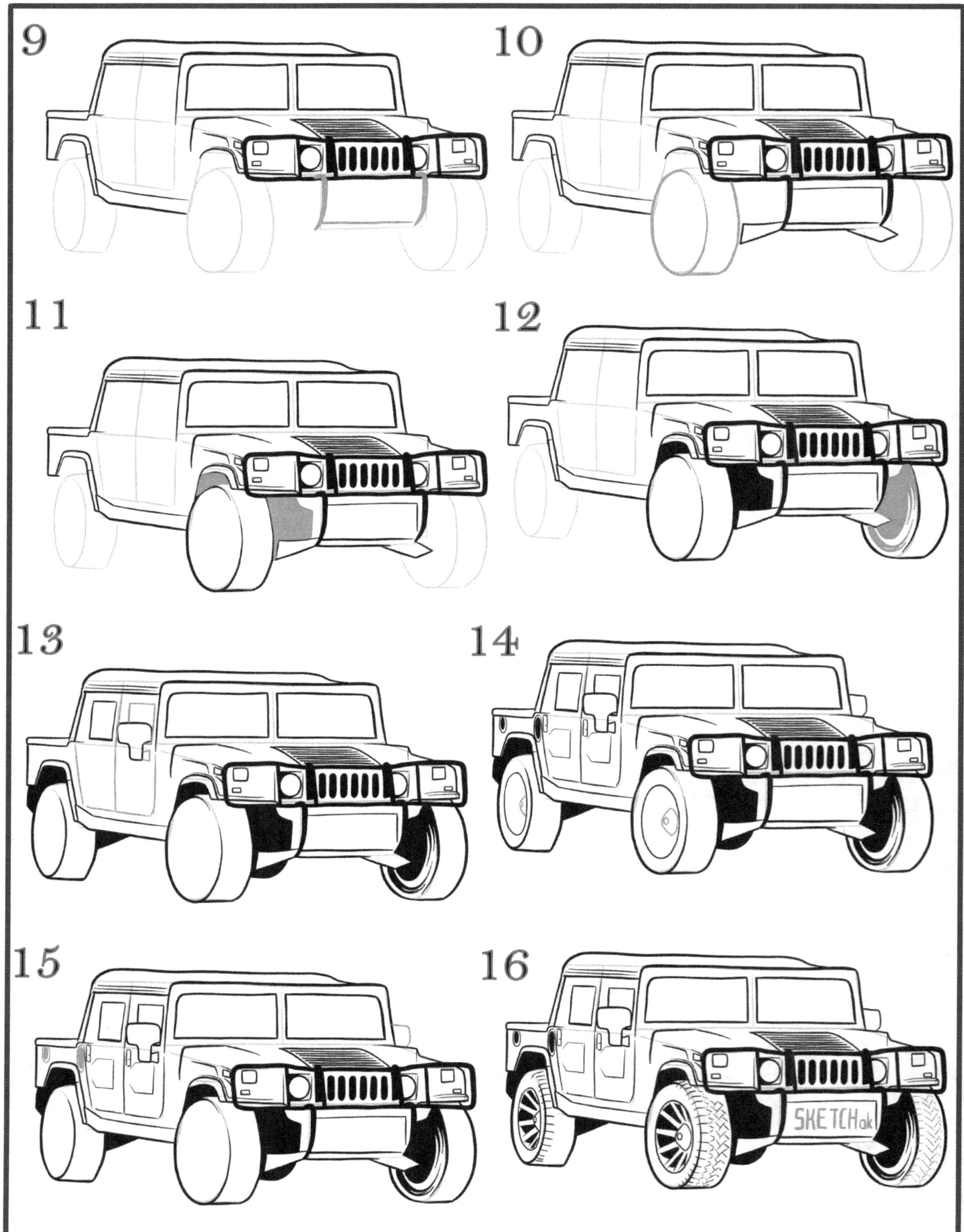

9
10
11
12
13
14
15
16
SKETCHok

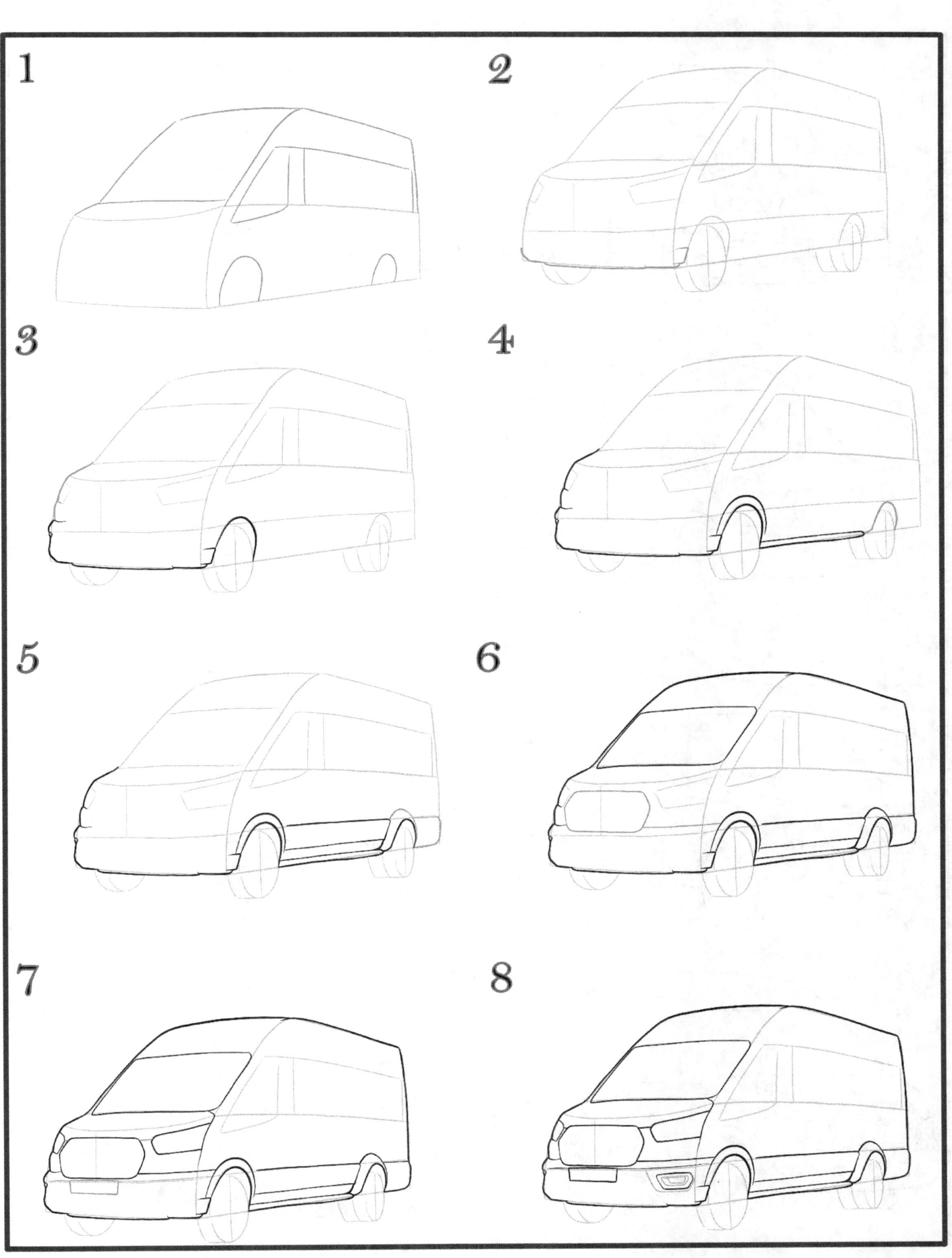

1
2
3
4
5
6
7
8

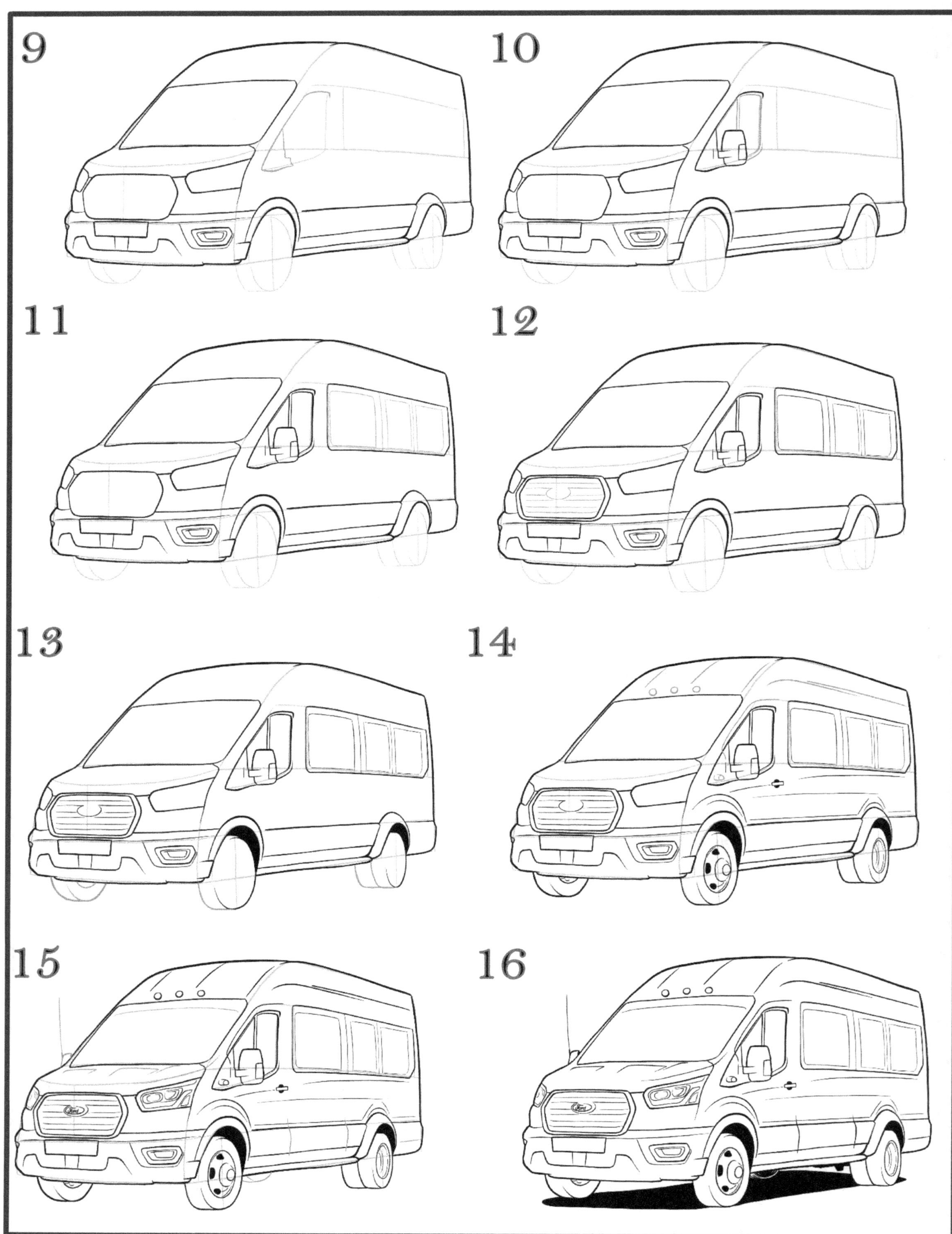

9
10
11
12
13
14
15
16

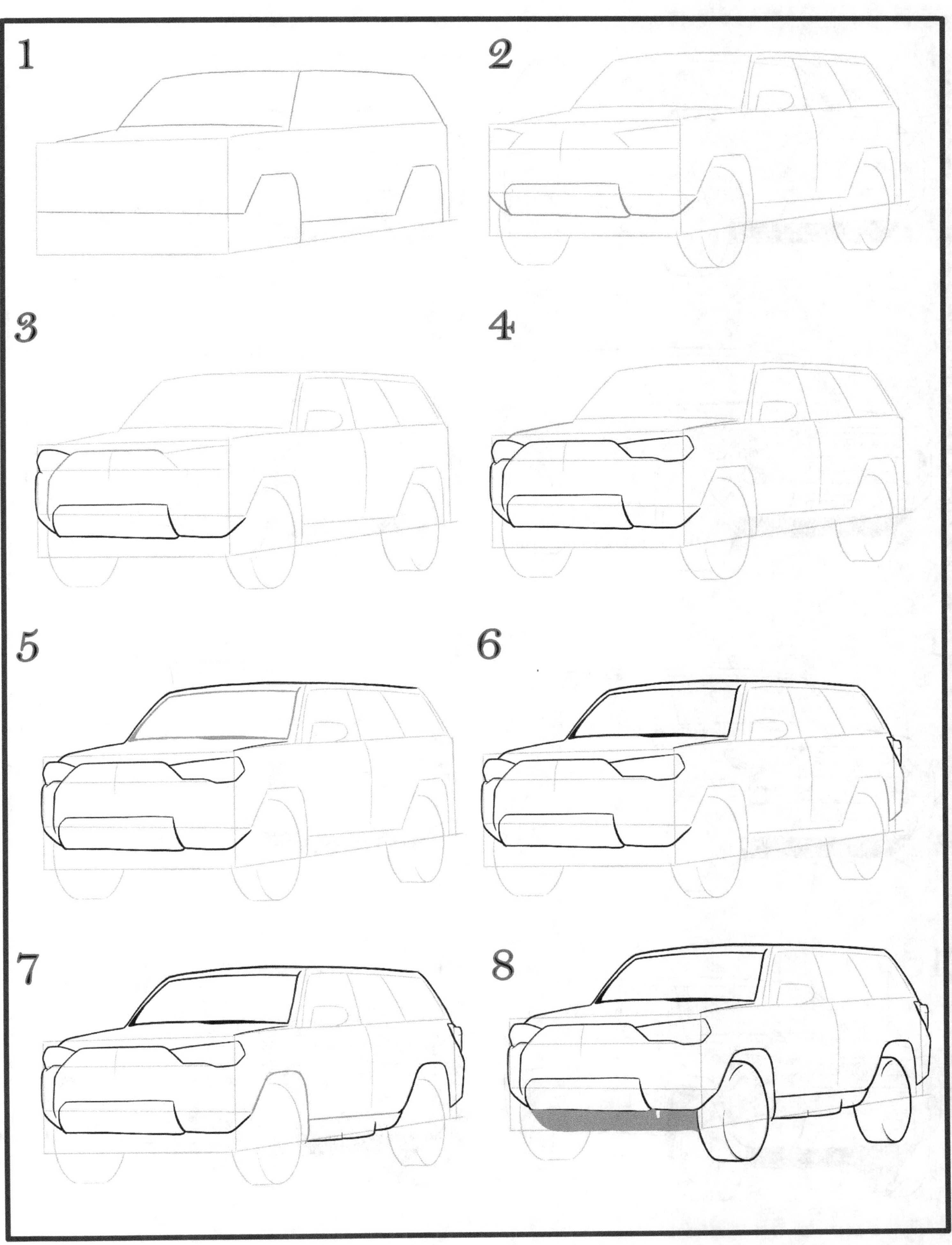

1
2
3
4
5
6
7
8

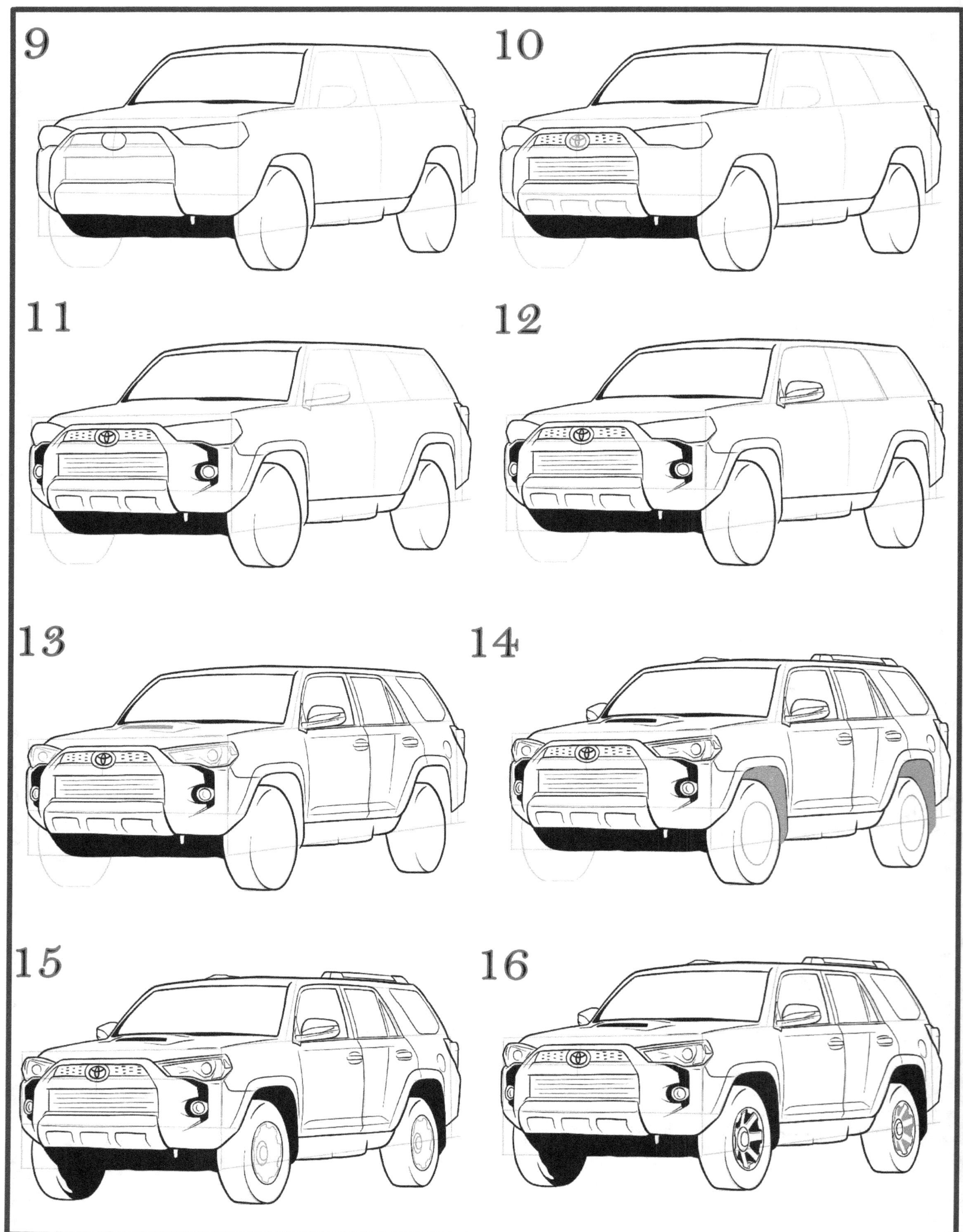

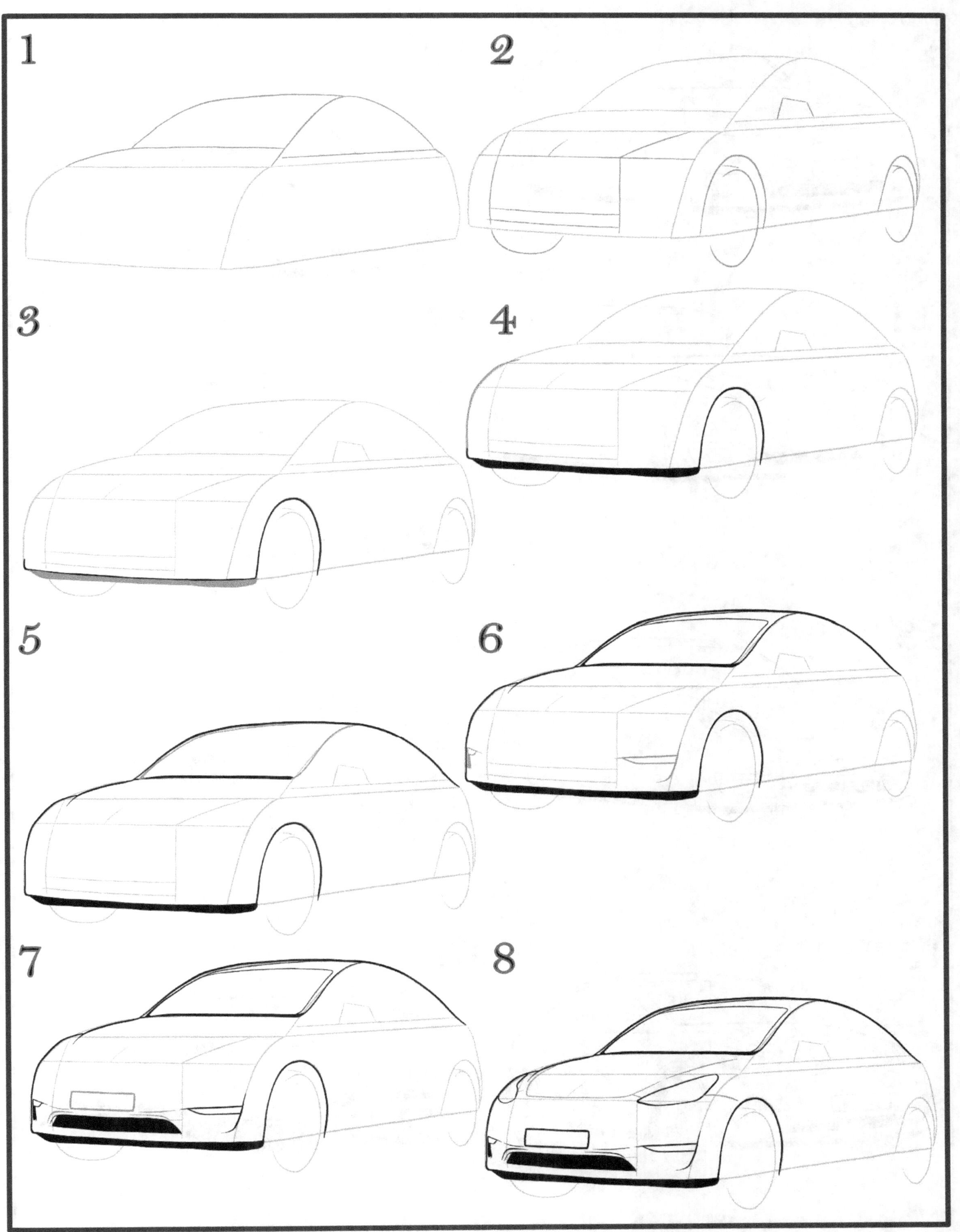
1
2
3
4
5
6
7
8

9
10
11
12
13
14
15
16
SKETCHOK

1
2
3
4
5
6
7
8

9
10
11
12
13
14
15
16
SKETCHOK
SKETCHOK
SKETCHOK
SKETCHOK
SKETCHOK

1
2
3
4
5
6
7
8

9
10
11
12
13
14
15
16

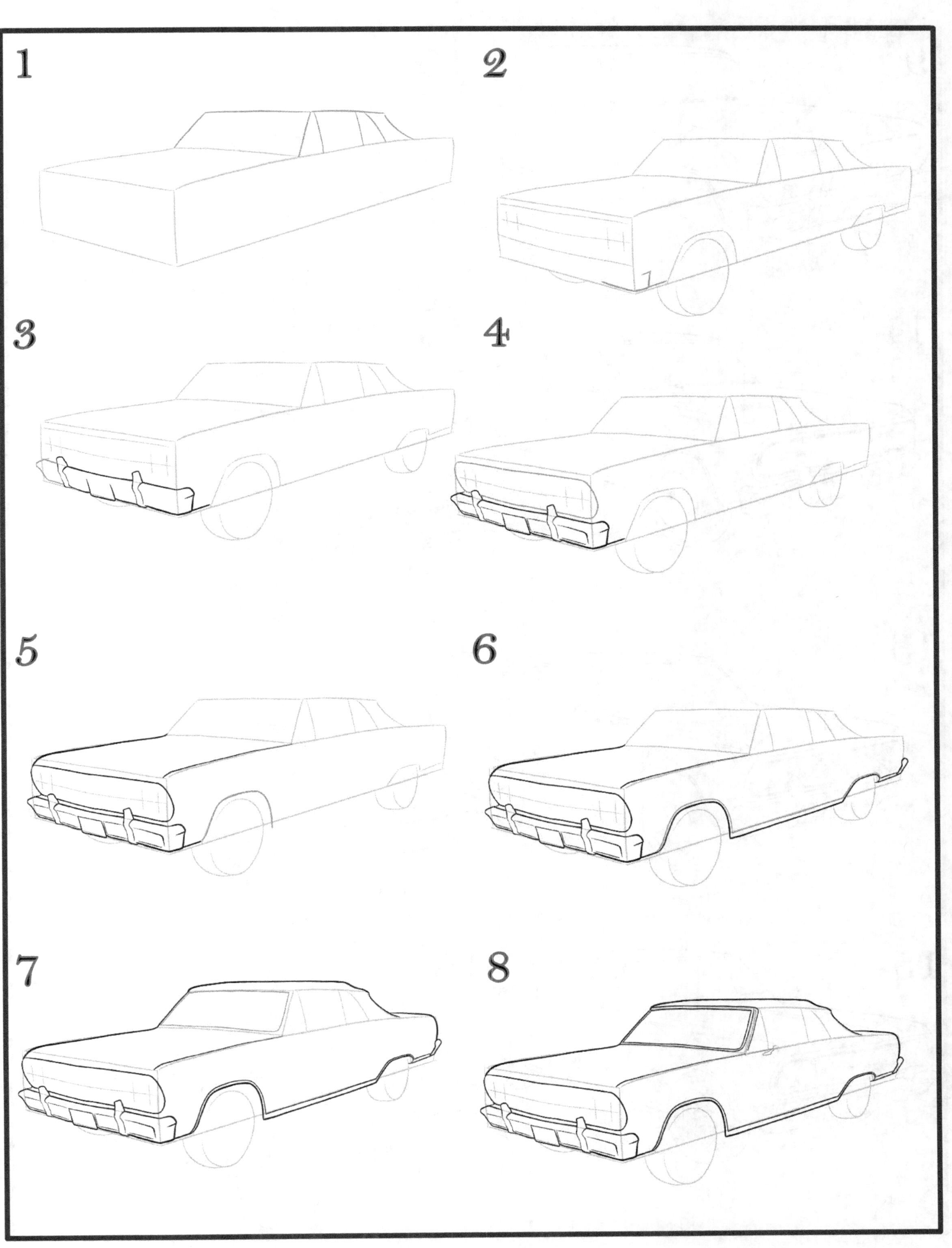

1
2
3
4
5
6
7
8

9
10
11
12
13
14
15
16

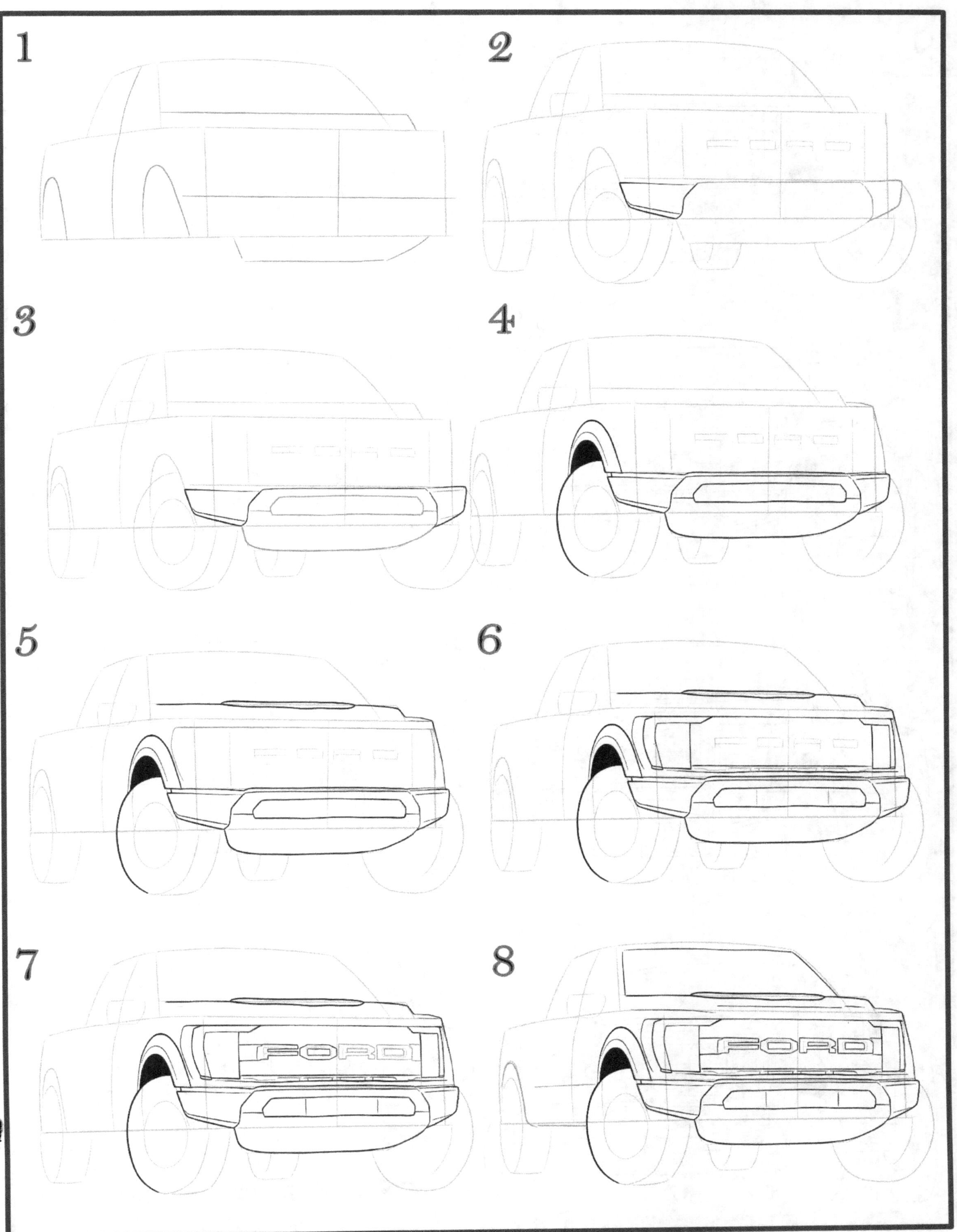

1
2
3
4
5
6
7
8
FORD
FORD

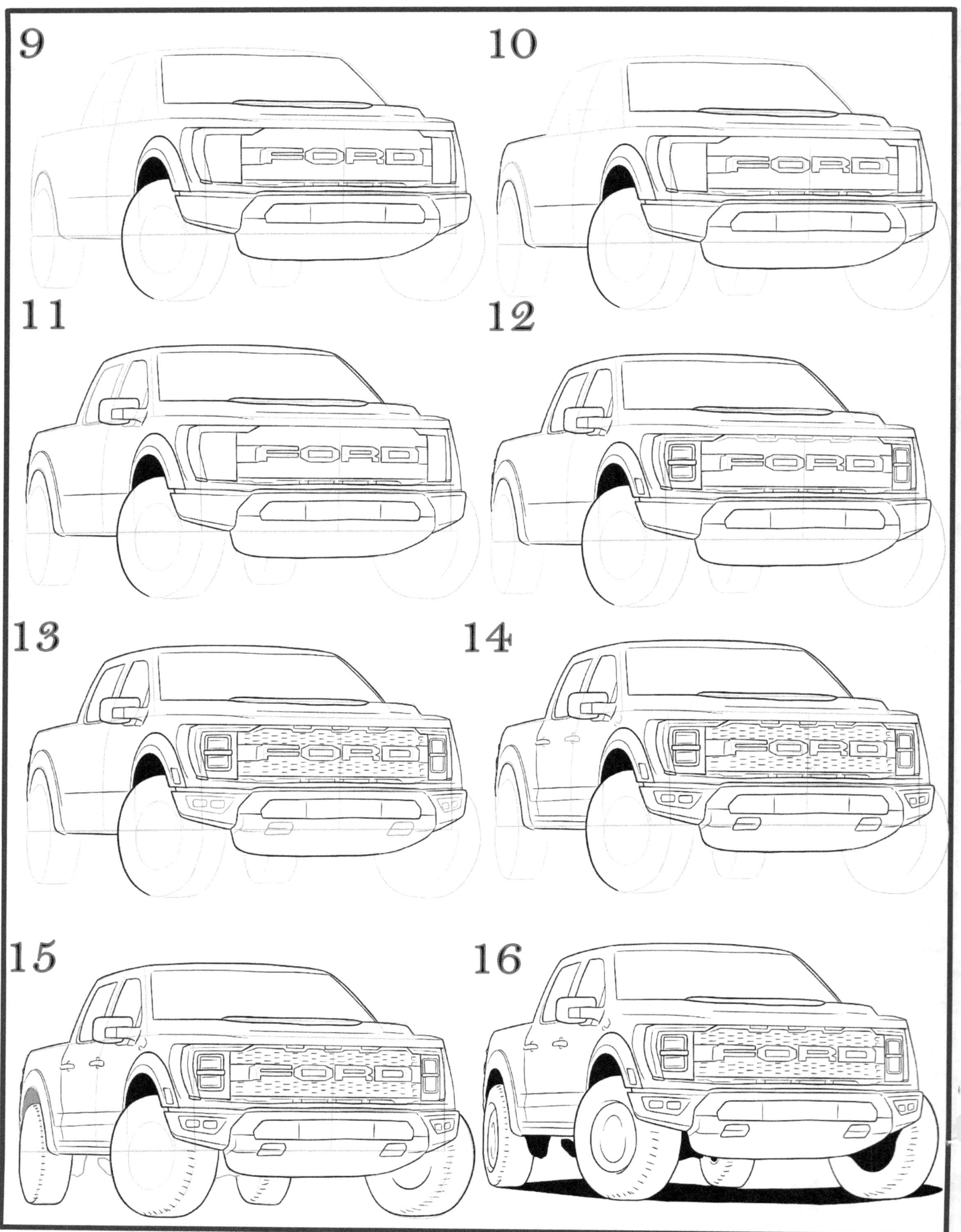
9
10
11
12
13
14
15
16
FORD

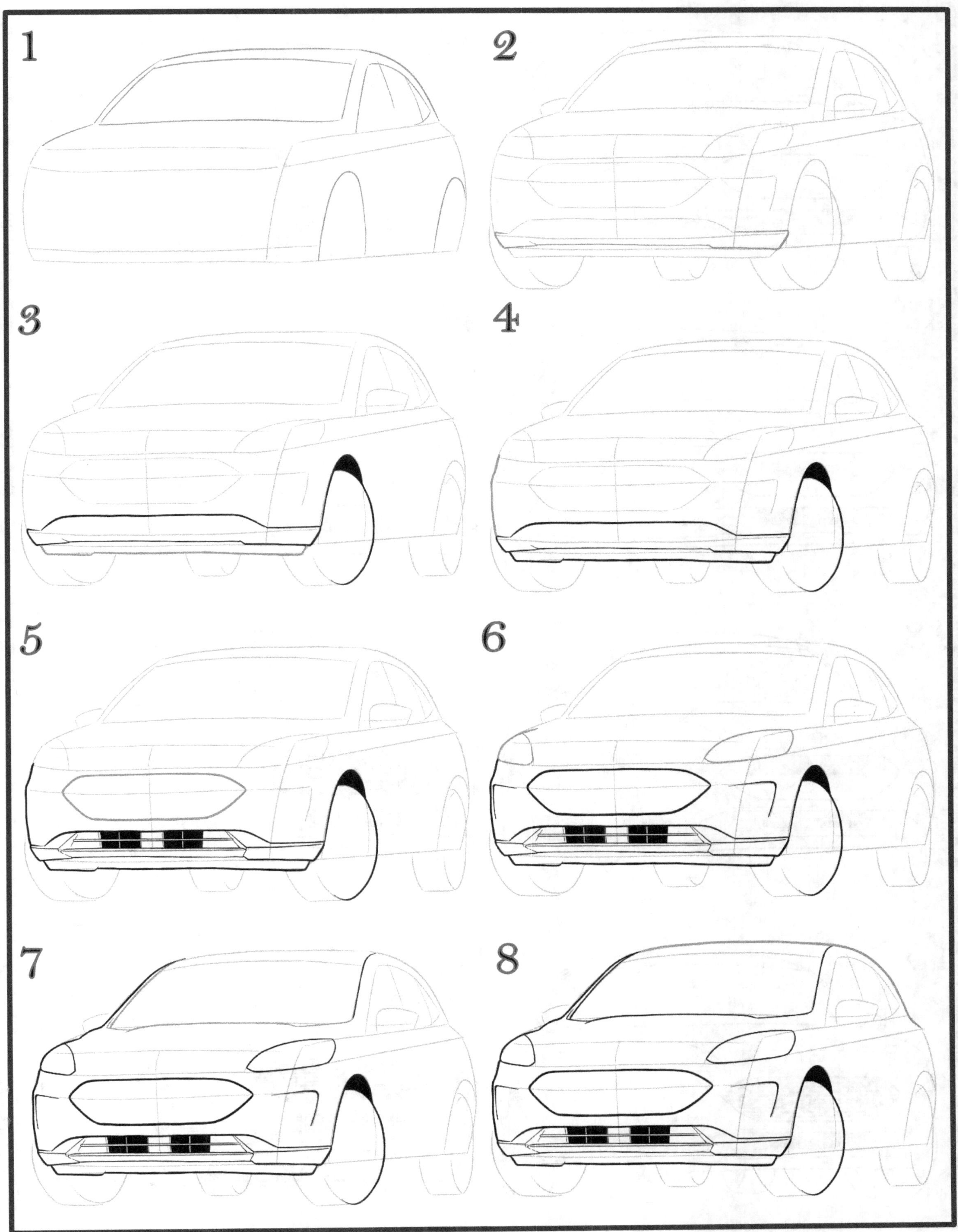

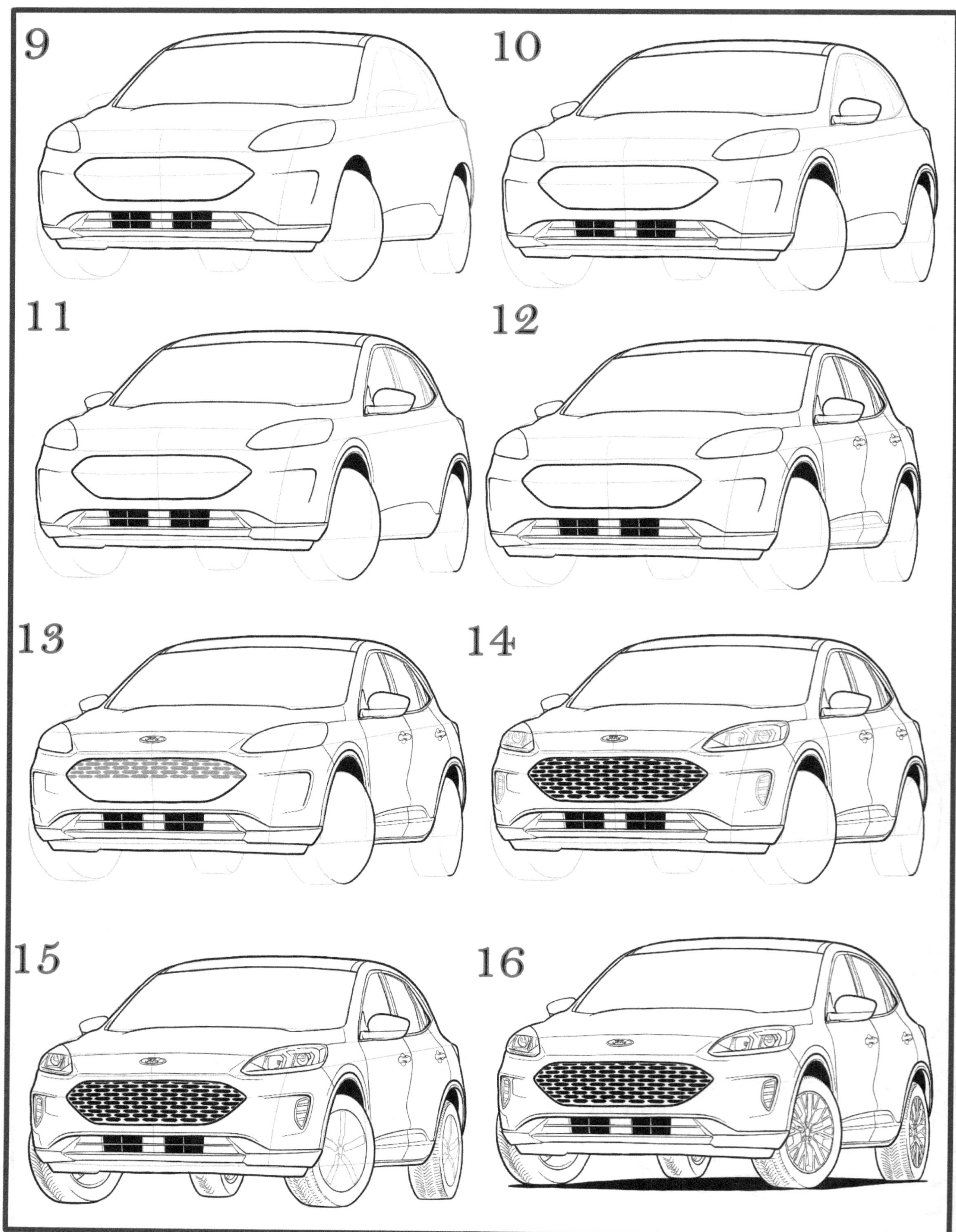

9
10
11
12
13
14
15
16

1

2

3

4

5

6

7

8

9
10
11
12
13
14
SKETCHOK
SKETCHOK
SKETCHOK
SKETCHOK
SKETCHOK

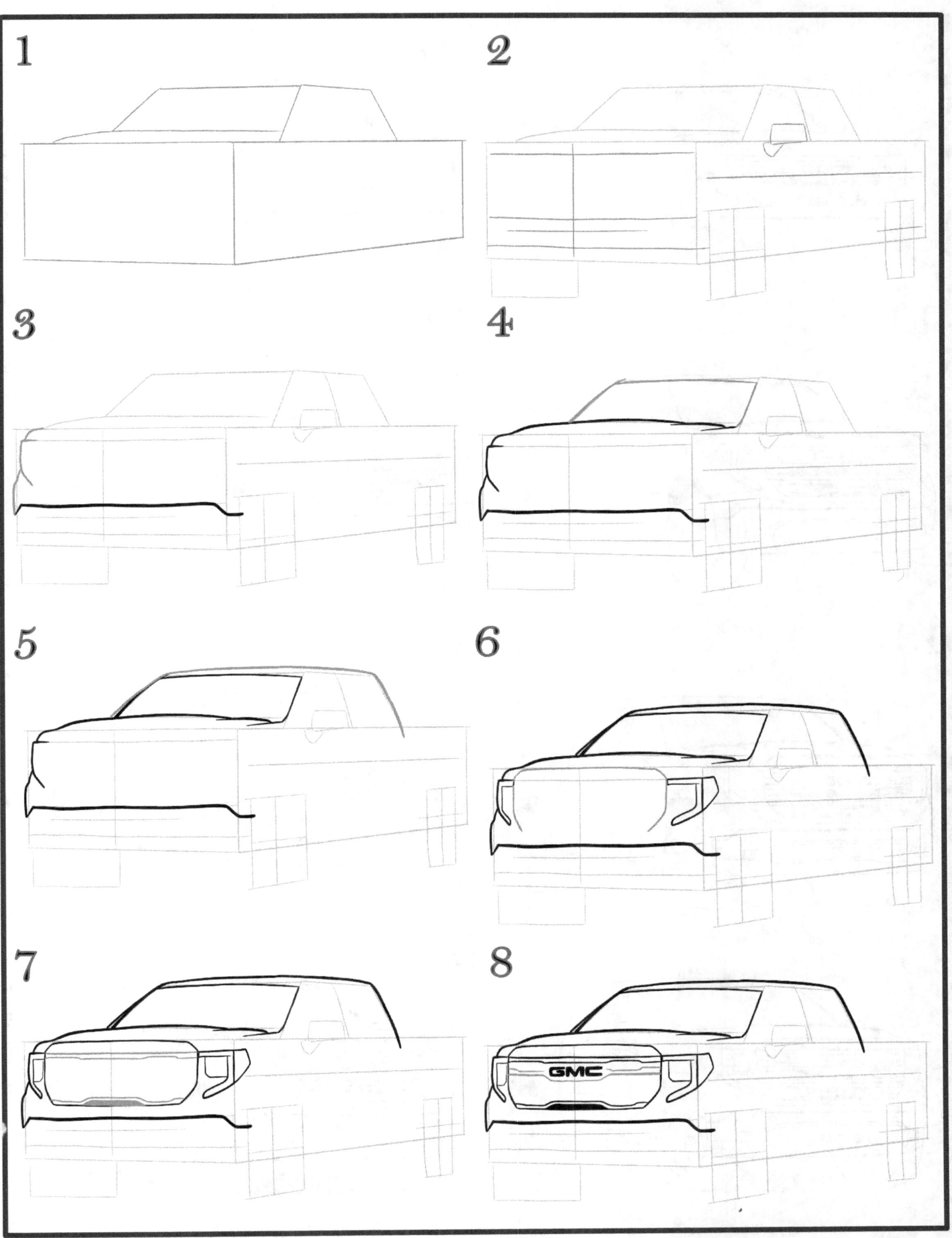

1
2
3
4
5
6
7
8
GMC

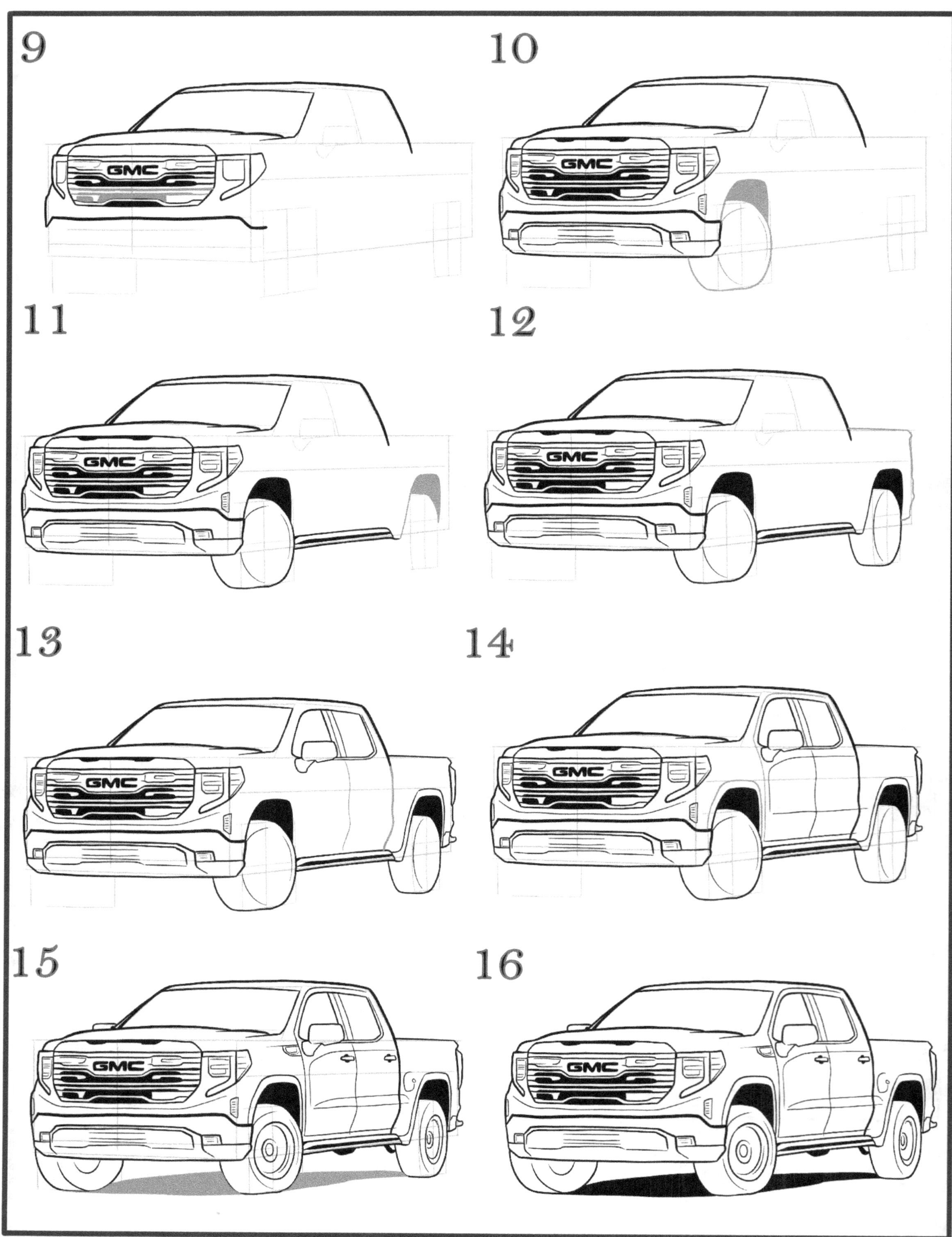

9
10
11
12
13
14
15
16
GMC

1
2
3
4
5
6
7
8

9
10
11
12
13
14
15
16

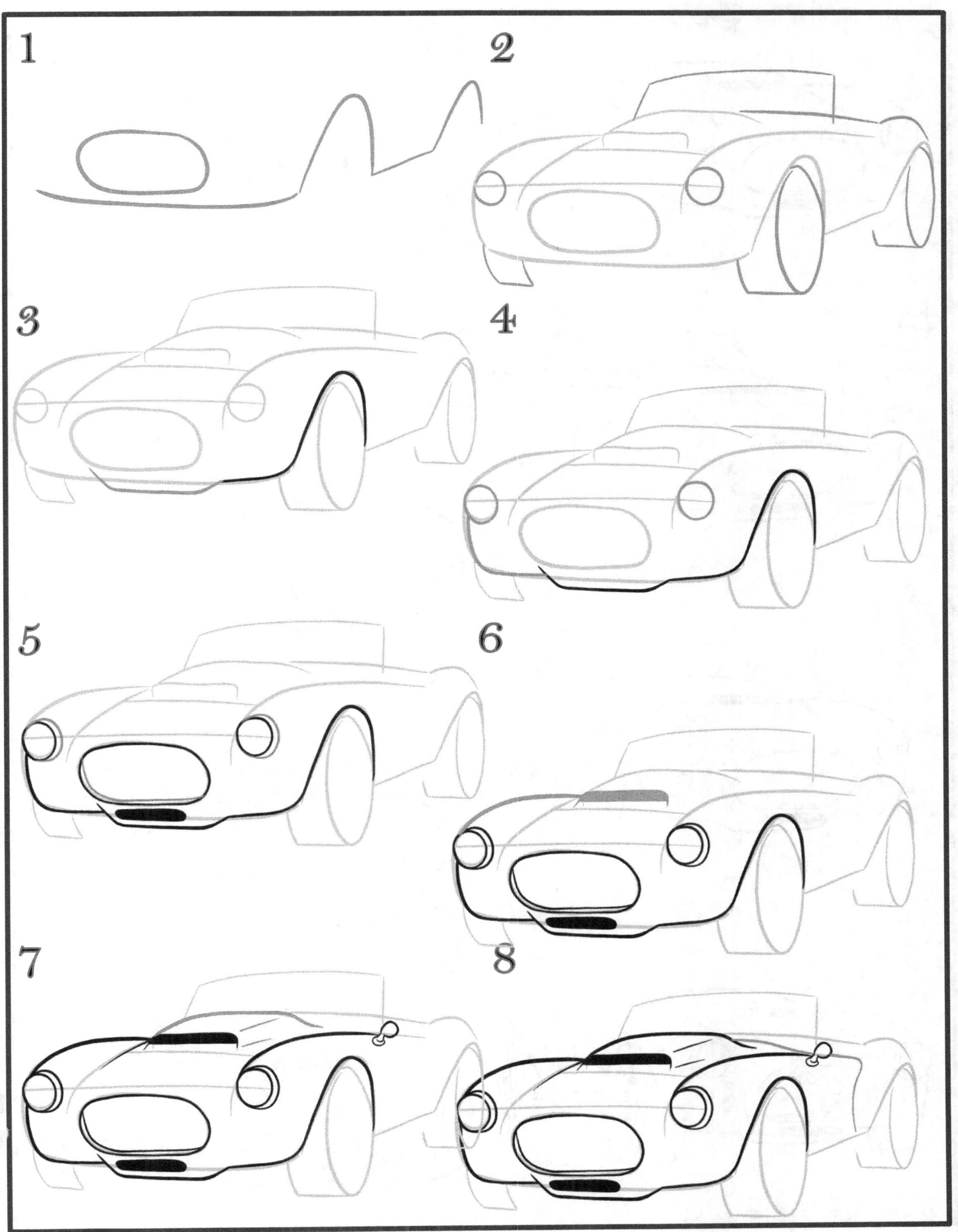

1
2
3
4
5
6
7
8

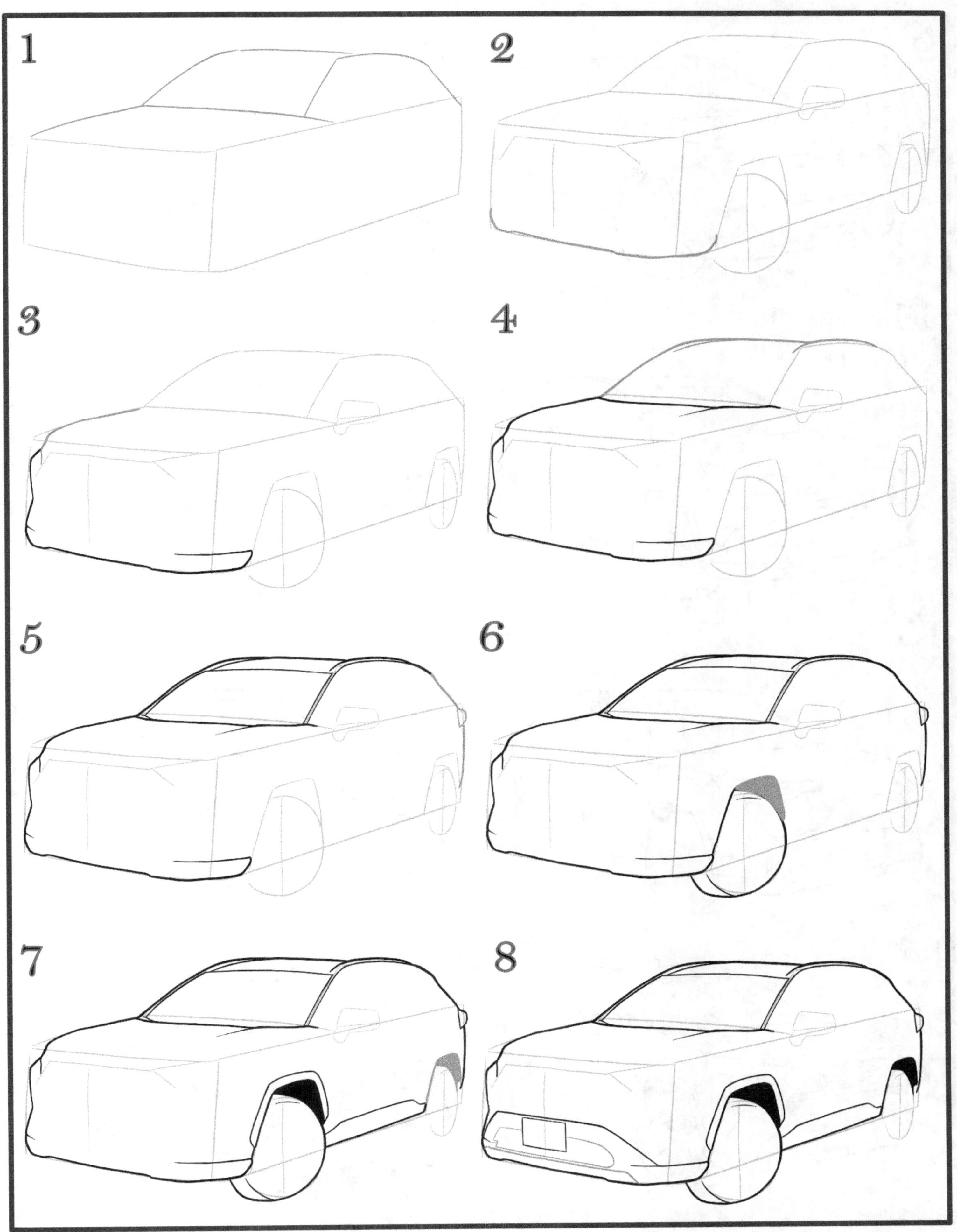
1
2
3
4
5
6
7
8

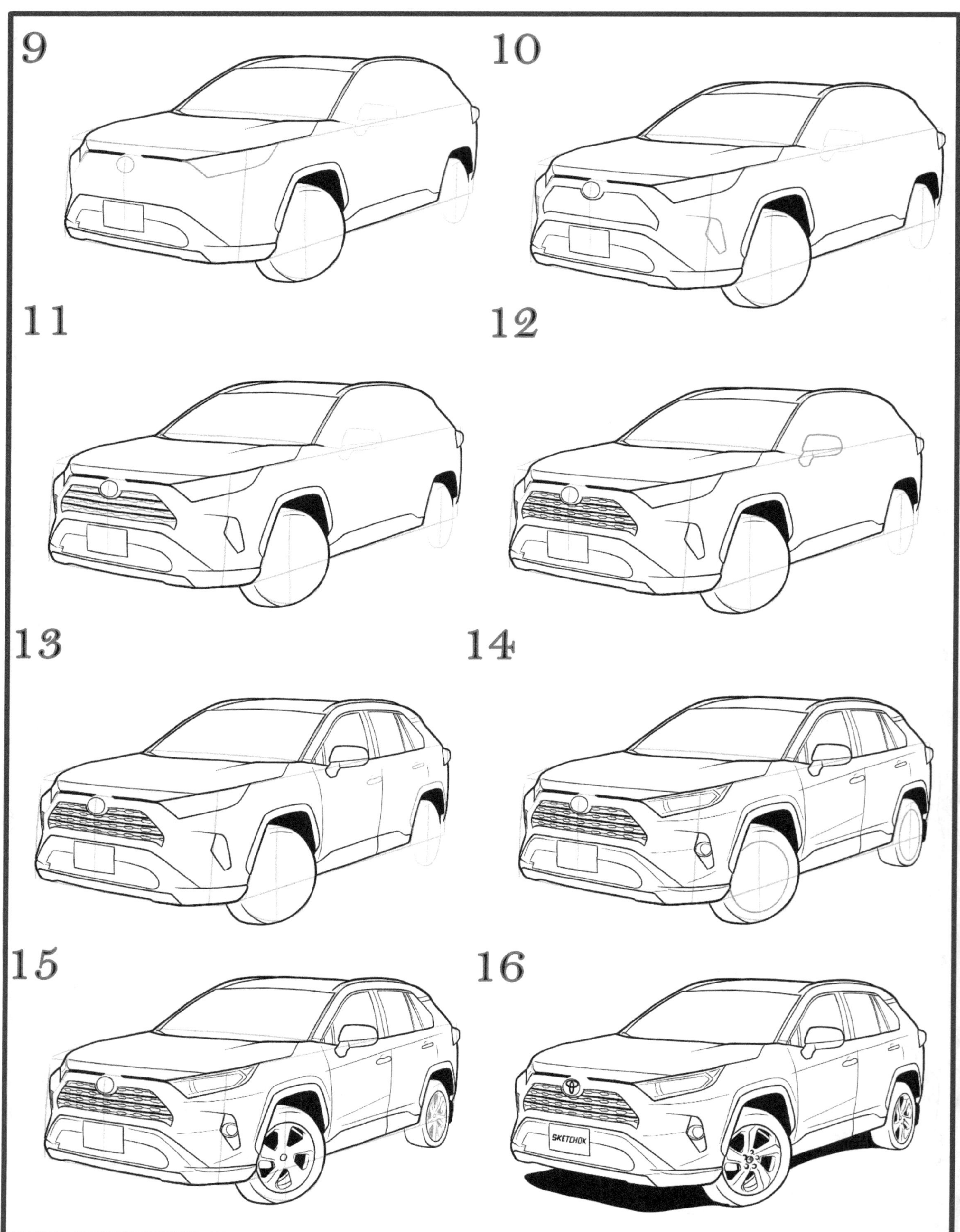

9
10
11
12
13
14
15
16
SKETCHOK

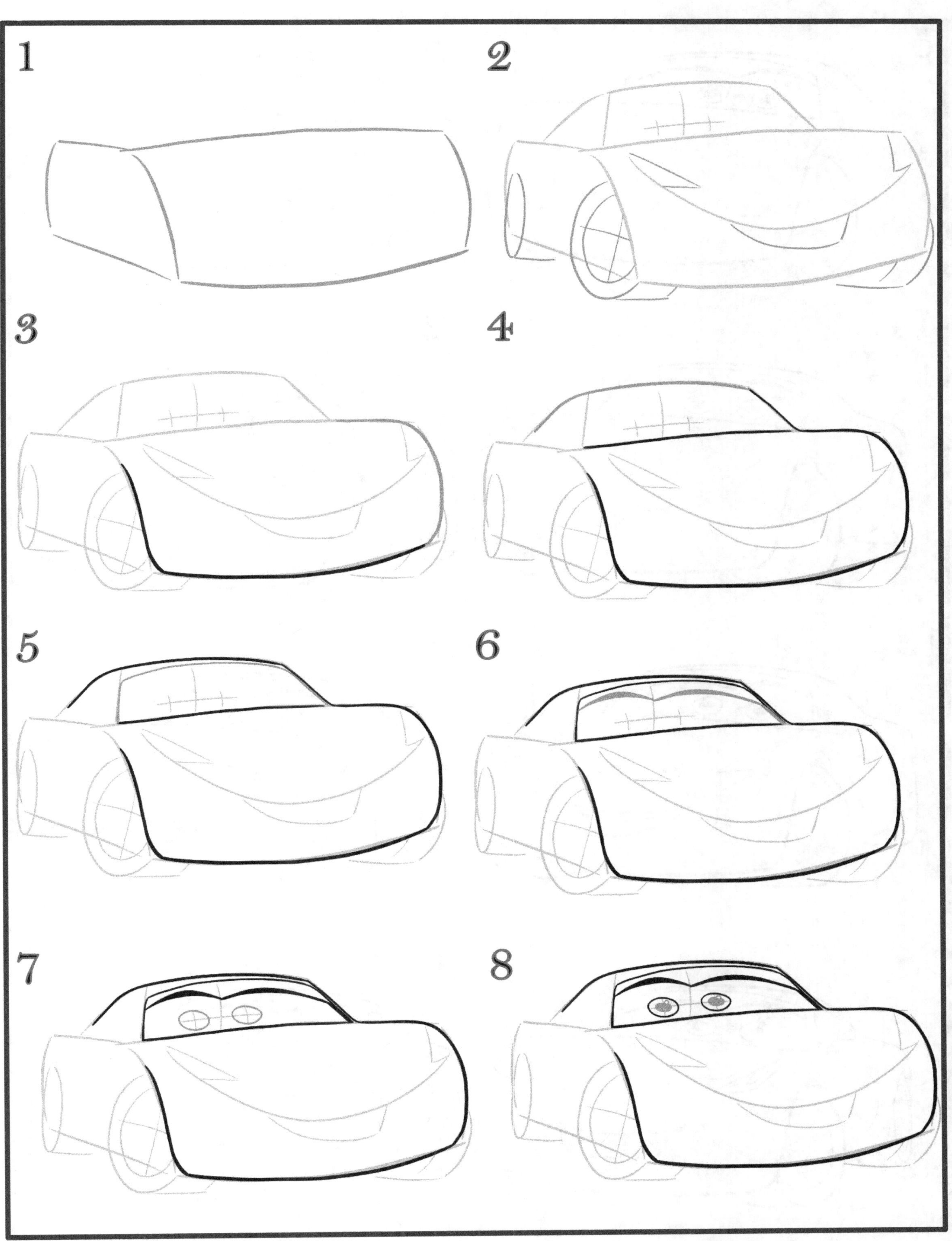

1
2
3
4
5
6
7
8

9
10
11
12
13
14
15
16

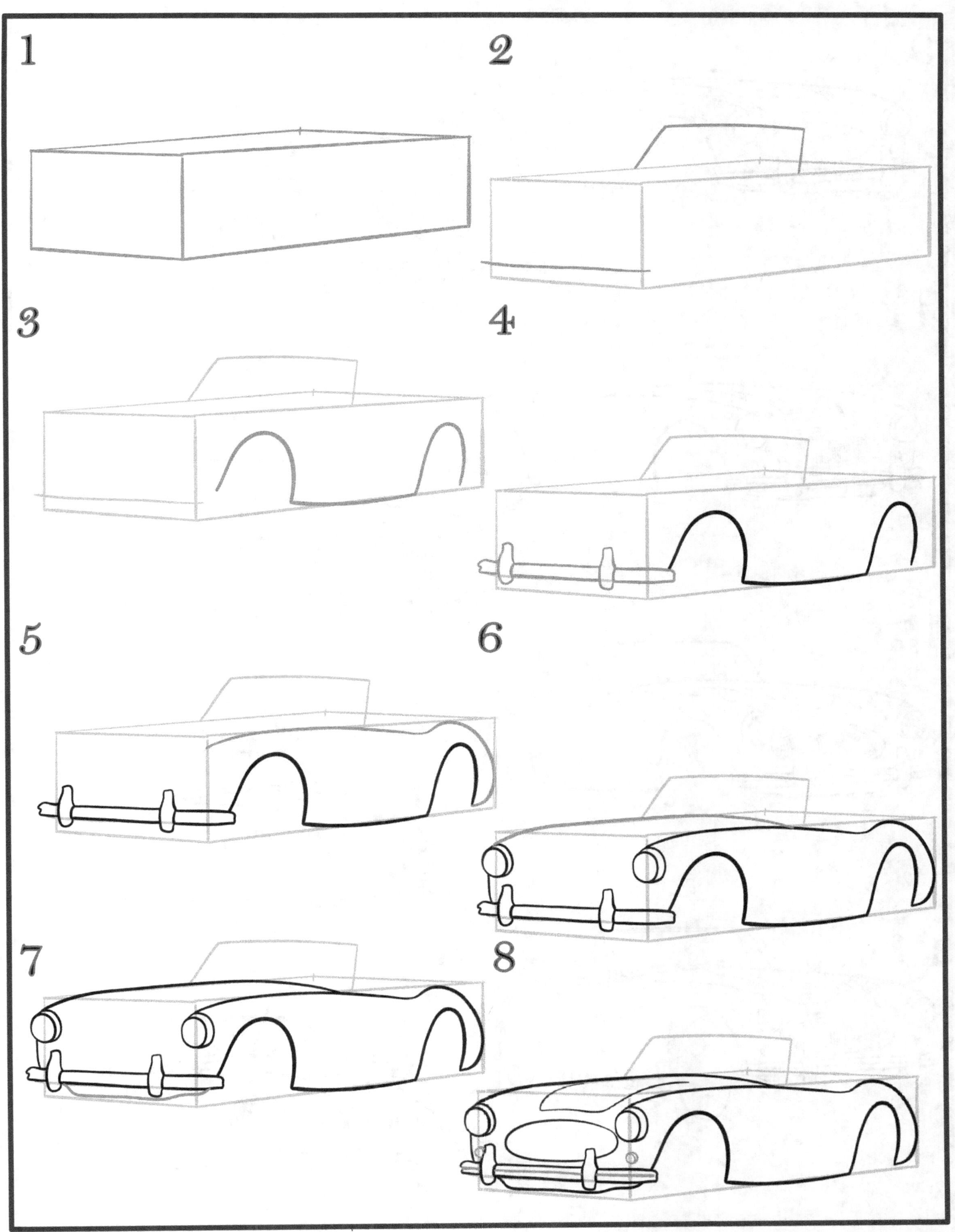

1
2
3
4
5
6
7
8

9
10
11
12
13
14
15
16

NAKHSA KATSUHITO

Vielen Dank, dass Sie sich für mein Buch bei Amazon entschieden haben. Ihre Unterstützung und Ihr Interesse an meiner Arbeit bedeuten mir sehr viel. Als Autor und Verleger ist es mein Ziel, ansprechende und lohnende Leseerlebnisse zu schaffen. Ihre Entscheidung, in mein Buch zu investieren, bestätigt meine Bemühungen und ich bin wirklich dankbar.

Ich bitte um Ihre Mithilfe bei der Veröffentlichung meines Buches. Ihre Kommentare sind nicht nur für mich, sondern auch für andere Leser von unschätzbarem Wert. Wenn Ihnen das Buch gefallen hat, sollten Sie eine positive Rezension auf Amazon hinterlassen. Ihre Meinung kann einen erheblichen Einfluss haben und potenziellen Lesern helfen, die von mir geschaffene Welt zu entdecken.

Vielen Dank, dass Sie Teil meiner Autorenreise sind. Ihr Enthusiasmus und Ihr Engagement inspirieren mich dazu, weiterhin Geschichten zu schreiben, die bei Lesern wie Ihnen Anklang finden. Ich schätze Ihre Unterstützung sehr.

Wärmste Grüße,